#2주+2주
#쉽게
#빠르게
#재미있게

한자 전략
완성

한자 전략
시리즈 구성 1단계~6단계

8급
1단계 A, B

7급 II
2단계 A, B

7급
3단계 A, B

6급 II
4단계 A, B

6급
5단계 A, B

5급 II
6단계 A, B

심화 학습

심화 한자로 익히는
교과 학습 한자어

급수별 배정 한자 수록
한자 쓰기장

실제 시험 대비
모의 평가

부모님과 함께하는 한자 전략

한자의 모양·음(소리)·뜻을 빠짐없이 완벽 습득

- 한 번에 한자를 떠올릴 수 있게 도와줄 그림과 빈칸 채우기 활동으로 한자를 기억할 수 있도록 지도해 주세요.

- 다양한 문제를 풀며 반복 학습을 할 수 있게 해 주세요.

뜻부터 활용까지 알찬 한자어 학습

- 한자어와 관련된 그림을 보며 한자어의 의미를 떠올리도록 지도해 주세요.

- 한자어가 활용된 문장을 함께 읽으며 생활 속 어휘 실력을 키워 주세요.

기출 유형부터 창의력 UP 신유형 문제까지!

- 다양한 급수 시험 유형 문제를 통해 효율적으로 시험을 대비할 수 있도록 지도해 주세요.

- 만화, 창의·융합·코딩, 신유형·신경향·서술형 문제를 풀며 재미있게 공부하도록 이끌어 주세요.

Chunjae Makes Chunjae

▼

[한자 전략]

편집개발 최자영, 최은혜, 정환진
디자인총괄 김희정
표지디자인 윤순미, 김주은
내지디자인 박희춘, 유보경
삽화 이예지, 권순화, 김수정, 장현아
제작 황성진, 조규영

발행일 2023년 3월 1일 초판 2023년 3월 1일 1쇄
발행인 (주)천재교육
주소 서울시 금천구 가산로9길 54
신고번호 제2001-000018호
고객센터 1577-0902

※ 정답 분실 시에는 천재교육 교재 홈페이지에서 내려받으세요.
※ KC 마크는 이 제품이 공통안전기준에 적합하였음을 의미합니다.
※ 주의
책 모서리에 다칠 수 있으니 주의하시기 바랍니다.
부주의로 인한 사고의 경우 책임지지 않습니다.
8세 미만의 어린이는 부모님의 관리가 필요합니다.

한자
전략

4단계 B 6급 II ②

전편

주 도입 **만화**

재미있는 만화를 보면서 한 주에 학습할 한자를
미리 만나 볼 수 있습니다.

급수 한자 **돌파 전략 ❶, ❷**

급수 한자 돌파 전략 ❶에서는 주제별로 뽑은
급수 한자의 모양·음(소리)·뜻을 학습합니다.

급수 한자 돌파 전략 ❷에서는 문제를 풀며
학습 내용을 확인합니다.

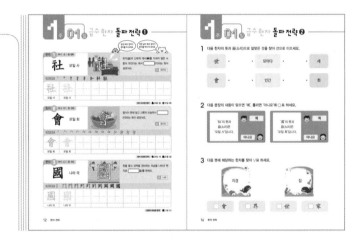

급수 한자어 **대표 전략 ❶, ❷**

급수 한자어 대표 전략 ❶에서는 1, 2일차에서
학습한 한자가 포함된 대표 한자어를 학습합니다.

급수 한자어 대표 전략 ❷에서는 문제를 풀며
한자어의 뜻과 활용을 복습합니다.

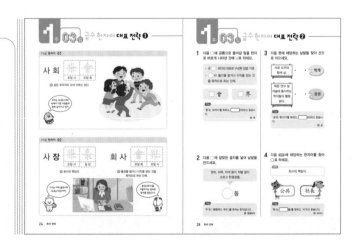

급수 시험 **체크 전략 ❶, ❷**

급수 시험 체크 전략 ❶은 시험에 꼭 나오는
유형을 모아 학습합니다.

급수 시험 체크 전략 ❷에서는 실전 문제를
풀어 보며 시험을 대비합니다.

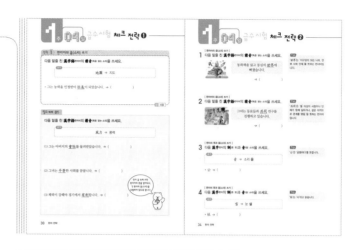

주 마무리

누구나 **만점 전략**

누구나 풀 수 있는 쉬운 문제를 풀며 학습 자신감을
높일 수 있습니다.

창의·융합·코딩 **전략 ❶, ❷**

융·복합적 사고력을 길러 주는 재미있는 문제를
만날 수 있습니다.

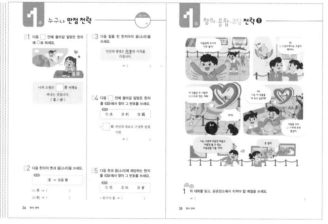

권 마무리

전·후편 마무리 **전략**

만화를 보며 학습을 재미있게 마무리할 수 있게
하였습니다.

신유형·신경향·서술형 **전략**

문제 해결력을 기를 수 있는 새로운
문제들을 단계별로 제시하였습니다.

적중 예상 **전략 1~2회**

총 2회로 실제 급수 시험을 준비할 수 있도록
구성하였습니다.

교과 학습 한자어 **전략**

교과 학습 시 자주 만나는 한자어와 5급 심화
한자를 함께 학습할 수 있도록 구성하였습니다.

이 책의 **차례**

■ 은 4단계 B 전편 학습 한자, ■ 은 후편 학습 한자입니다.

ㄱ					
家	歌	各	角	間	江
집 가	노래 가	각각 각	뿔 각	사이 간	강 강
車	計	界	高	功	公
수레 거│수레 차	셀 계	지경 계	높을 고	공 공	공평할 공
空	工	共	科	果	光
빌 공	장인 공	한가지 공	과목 과	실과 과	빛 광
教	校	球	九	口	國
가르칠 교	학교 교	공 구	아홉 구	입 구	나라 국
軍	今	金	急	旗	記
군사 군	이제 금	쇠 금│성 김	급할 급	기 기	기록할 기

氣	ㄴ 男	南	內	女	年
기운 기	사내 남	남녘 남	안 내	여자 녀	해 년

ㄷ 農	短	答	堂	代	對
농사 농	짧을 단	대답 답	집 당	대신할 대	대할 대
大	圖	道	讀	冬	洞
큰 대	그림 도	길 도	읽을 독│구절 두	겨울 동	골 동│밝을 통
東	童	動	同	等	登
동녘 동	아이 동	움직일 동	한가지 동	무리 등	오를 등

ㄹ 樂	來	力	老	六	理
즐길 락│노래 악│좋아할 요	올 래	힘 력	늙을 로	여섯 륙	다스릴 리

里	利	林	立	**ㅁ** 萬	每
마을 리	이할 리	수풀 림	설 립	일만 만	매양 매
面	命	明	名	母	木
낯 면	목숨 명	밝을 명	이름 명	어머니 모	나무 목
文	聞	門	問	物	民
글월 문	들을 문	문 문	물을 문	물건 물	백성 민
ㅂ 班	反	半	發	放	方
나눌 반	돌이킬/돌아올 반	반 반	필 발	놓을 방	모 방
百	白	部	夫	父	北
일백 백	흰 백	떼 부	지아비 부	아버지 부	북녘 북ㅣ달아날 배
分	不	**ㅅ** 四	社	事	算
나눌 분	아닐 불	넉 사	모일 사	일 사	셈 산
山	三	上	色	生	書
메 산	석 삼	윗 상	빛 색	날 생	글 서
西	夕	先	線	雪	省
서녘 서	저녁 석	먼저 선	줄 선	눈 설	살필 성ㅣ덜 생
姓	成	世	所	消	小
성 성	이룰 성	인간 세	바 소	사라질 소	작을 소
少	手	數	水	術	時
적을 소	손 수	셈 수	물 수	재주 술	때 시

始 비로소 시	市 저자 시	食 밥/먹을 식	植 심을 식	神 귀신 신	身 몸 신
信 믿을 신	新 새 신	室 집 실	心 마음 심	十 열 십	ㅇ 安 편안 안
藥 약 약	弱 약할 약	語 말씀 어	業 업 업	然 그럴 연	午 낮 오
五 다섯 오	王 임금 왕	外 바깥 외	勇 날랠 용	用 쓸 용	右 오를/오른(쪽) 우
運 옮길 운	月 달 월	有 있을 유	育 기를 육	飮 마실 음	音 소리 음
邑 고을 읍	意 뜻 의	二 두 이	人 사람 인	一 한 일	日 날 일
入 들 입	ㅈ 字 글자 자	自 스스로 자	子 아들 자	昨 어제 작	作 지을 작
長 긴 장	場 마당 장	才 재주 재	電 번개 전	戰 싸움 전	前 앞 전
全 온전 전	庭 뜰 정	正 바를 정	弟 아우 제	題 제목 제	第 차례 제
祖 할아버지 조	足 발 족	左 왼 좌	注 부을 주	主 임금/주인 주	住 살 주

中	重	地	紙	直	集
가운데 중	무거울 중	땅 지	종이 지	곧을 직	모을 집
窓	川	千	天	淸	靑
창 창	내 천	일천 천	하늘 천	맑을 청	푸를 청
體	草	寸	村	秋	春
몸 체	풀 초	마디 촌	마을 촌	가을 추	봄 춘
出	七	土	八	便	平
날 출	일곱 칠	흙 토	여덟 팔	편할 편|똥오줌 변	평평할 평
表	風	下	夏	學	韓
겉 표	바람 풍	아래 하	여름 하	배울 학	한국/나라 한
漢	海	幸	現	形	兄
한수/한나라 한	바다 해	다행 행	나타날 현	모양 형	형 형
花	話	火	和	活	會
꽃 화	말씀 화	불 화	화할 화	살 활	모일 회
孝	後	休			
효도 효	뒤 후	쉴 휴			

사회 한자

❶ 社 모일 **사**　❷ 會 모일 **회**　❸ 國 나라 **국**　❹ 世 인간 **세**　❺ 界 지경 **계**

❻ 家 집 **가**　❼ 平 평평할 **평**　❽ 等 무리 **등**　❾ 同 한가지 **동**　❿ 公 공평할 **공**

⓫ 共 한가지 **공**　⓬ 利 이할 **리**

그 근처의 떡볶이 가게에 들러서 떡볶이도 먹지 않을래? 엄청 맛있어!

미술관

전시회

떡볶이 가게

드림이 집

어이구! 넌 그게 목적이구나?

우리 동네에 맛집이 무리[等] 지어 있거든. 헤헤.

그럼 미술관이랑 전시회 들렀다가 먹으러 가자.

주말 계획도 다 세웠으니 이번 주는 사회에 관한 한자를 알아보자!

사회

점선 위로 겹쳐서 한자를 써 보세요.

연한 글씨 위로 겹쳐서 한자를 따라 써 보세요.

한자 ❶ 부수 示 | 총 8획

社 모일 사

토지(土)의 신에게 제사(示)를 지내려 많은 사람이 모인다는 데서 [ ](이)라는 뜻이 생겼어요.

답 모이다

쓰는 순서 一 亠 亍 亍 示 示 社 社

社	社					
모일 사	모일 사					

▶ 뜻이 비슷한 한자 集(모을 집), 會(모일 회)

한자 ❷ 부수 曰 | 총 13획

會 모일 회

음식이 한데 담긴 그릇의 모습에서 [ ](이)라는 뜻이 생겼어요.

답 모이다

쓰는 순서 ノ 人 人 今 今 合 合 合 會 會 會 會

會	會					
모일 회	모일 회					

▶ 뜻이 비슷한 한자 社(모일 사), 集(모을 집)

한자 ❸ 부수 囗 | 총 11획

國 나라 국

창을 들고 성벽을 경비하는 모습을 나타낸 한자로 [ ]을/를 뜻해요.

답 나라

쓰는 순서 丨 冂 冂 冃 同 同 或 或 國 國 國

國	國					
나라 국	나라 국					

▶ 모양이 비슷한 한자 圖(그림 도)

1 다음 뜻과 음(소리)에 해당하는 한자를 찾아 선으로 이으세요.

모일 회

모일 사

2 다음 밑줄 친 낱말에 해당하는 한자를 찾아 ○표 하세요.

오늘 저는 대한민국이라는
나라에 대하여 소개하겠습니다.

國

會

점선 위로 겹쳐서 한자를 써 보세요.

연한 글씨 위로 겹쳐서 한자를 따라 써 보세요.

한자 ④ 부수 一 | 총 5획

世 인간 세

잎과 나뭇가지를 함께 그린 모습으로 나뭇잎의 한살이에서 '세상' 또는 ☐☐(이)라는 뜻이 생겼어요.

답 인간

쓰는 순서 一 十 卅 卅 世

世	世						
인간 세	인간 세						

한자 ⑤ 부수 田 | 총 9획

界 지경 계

밭과 밭 사이를 구분하는 선을 나타낸 한자로 ☐☐을/를 뜻해요.

답 지경

쓰는 순서 丨 冂 日 囯 田 尹 界 界 界

界	界						
지경 계	지경 계						

한자 ⑥ 부수 宀 | 총 10획

家 집 가

옛날에는 집 안에서 돼지(豕)를 길렀기 때문에 ☐을/를 뜻하게 되었어요.

답 집

쓰는 순서 丶 丶 宀 宀 宁 宇 家 家 家 家

家	家						
집 가	집 가						

뜻이 비슷한 한자 堂(집 당), 室(집 실)

3 다음 거울에 적힌 한자의 뜻과 음(소리)을 바르게 말한 친구를 찾아 ○표 하세요.

4 다음 그림에서 한자 '집 가'를 따라가 미로를 탈출하세요.

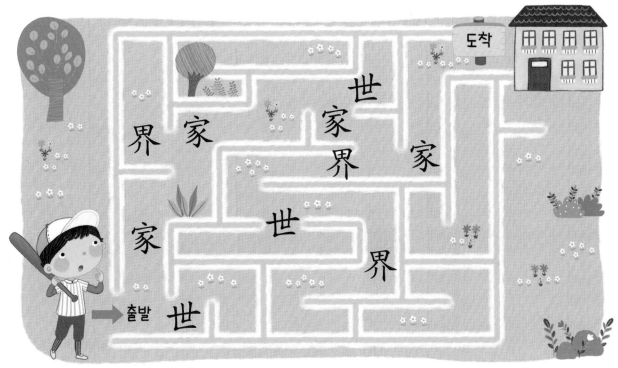

1주 04일 급수 한자 돌파 전략 2

1 다음 한자의 뜻과 음(소리)으로 알맞은 것을 찾아 선으로 이으세요.

世 · · 모이다 · · 세

會 · · 인간 · · 회

2 다음 문장의 내용이 맞으면 '예', 틀리면 '아니요'에 ○표 하세요.

'社'의 뜻과 음(소리)은 '모일 사'입니다. 예 아니요

'國'의 뜻과 음(소리)은 '모일 회'입니다. 예 아니요

3 다음 뜻에 해당하는 한자를 찾아 ∨표 하세요.

지경

집

☐ 會   ☐ 界   ☐ 世   ☐ 家

4 다음 밑줄 친 한자의 음(소리)으로 알맞은 것을 찾아 ○표 하세요.

비행접시를 타고 온 외界인이
나타났다는 소문이 있습니다.

| 계 | 국 |

5 다음 밑줄 친 말에 해당하는 한자를 보기 에서 찾아 그 번호를 쓰세요.

보기

① 世   ② 會

• 친구들과 모여서 독서 토론을 합니다.
→ (   )

6 다음 한자 카드에 들어갈 뜻과 음(소리)을 쓰세요.

社

國

점선 위로 겹쳐서 한자를 써 보세요.

연한 글씨 위로 겹쳐서 한자를 따라 써 보세요.

한자 ① 부수 干 | 총 5획

平 평평할 평

악기 소리의 울림이 고르게 퍼져 나가는 모습을 표현한 한자로 [   ](이)라는 뜻이 생겼어요.

답 평평하다

쓰는 순서 一 一 千 千 平

平	平							
평평할 평	평평할 평							

한자 ② 부수 竹(⺮) | 총 12획

等 무리 등

문서를 종류에 따라 분류하는 모습에서 [   ] 또는 '등급'이라는 뜻이 생겼어요.

답 무리

쓰는 순서 ノ ゝ ゝ ゝ ゝゝ ゝゝ 竺 竺 笁 筀 等 等

等	等							
무리 등	무리 등							

한자 ③ 부수 口 | 총 6획

同 한가지 동

모든 사람이 같은 말을 한다는 데서 [   ](이)라는 뜻이 생겼어요.

답 한가지

쓰는 순서 丨 冂 冂 冂 同 同

同	同							
한가지 동	한가지 동							

모양이 비슷한 한자 洞(골 동) **뜻이 비슷한 한자** 共(한가지 공)

1 다음 한자의 뜻과 음(소리)으로 알맞은 것을 찾아 선으로 이으세요.

2 다음 문제의 답을 칠판의 한자에서 찾아 ○표 하세요.

문제. 한자 '한가지 동'을 쓰세요.

점선 위로 겹쳐서 한자를 써 보세요.

연한 글씨 위로 겹쳐서 한자를 따라 써 보세요.

한자 **4**	부수 八 | 총 4획

公 공평할 공

사물을 치우치지 않고 정확히 나누는 모습에서 ☐(이)라는 뜻이 생겼어요.

답 공평하다

쓰는 순서 ㇓ 八 公 公

公	公						
공평할 공	공평할 공						

한자 **5**	부수 八 | 총 6획

共 한가지 공

제사 그릇을 두 손으로 들고 가는 모습에서 '공손하다' 또는 ☐(이)라는 뜻이 생겼어요.

답 한가지

쓰는 순서 一 十 廿 出 共 共

共	共						
한가지 공	한가지 공						

뜻이 비슷한 한자 同(한가지 동) **뜻이 반대인 한자** 各(각각 각)

한자 **6**	부수 刀(刂) | 총 7획

利 이할 리

낫으로 벼를 베는 모습에서 추수를 하면 농부들에게 이익이 생기므로 ☐(이)라는 뜻이 생겼어요.

답 이하다(이롭다)

쓰는 순서 ㇓ 二 千 禾 禾 利 利

利	利						
이할 리	이할 리						

모양이 비슷한 한자 科(과목 과), 和(화할 화)

3 사다리를 타고 내려가 한자에 해당하는 뜻이나 음(소리)을 채워 보세요.

이할 ( )   ( )공   공평할 ( )

4 다음 퀴즈의 답을 바르게 말한 친구를 찾아 ○표 하세요.

뜻이 '이하다(이롭다)'이고, 음(소리)이 '리'인 한자는?

1 사다리를 타고 내려가 한자와 알맞게 이어진 뜻과 음(소리)에 ○표 하세요.

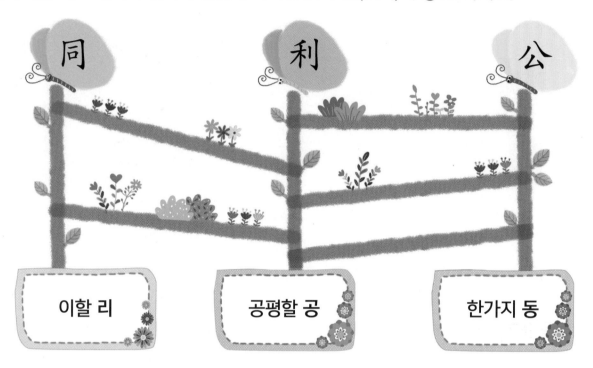

이할 리　　　　공평할 공　　　　한가지 동

2 다음 한자의 뜻과 음(소리)으로 알맞은 것을 찾아 ○표 하세요.

평평할 평　　무리 등　　　한가지 공　　한가지 동

3 다음 음(소리)에 해당하는 한자를 찾아 ∨표 하세요.

공　　　　□ 同　　□ 公　　□ 平

4 다음 밑줄 친 낱말에 해당하는 한자를 찾아 ○표 하세요.

나와 동생은 <u>한가지</u>로 마음이 잘 맞습니다.

共   平

5 다음 뜻과 음(소리)에 해당하는 한자를 보기 에서 찾아 그 번호를 쓰세요.

보기

① 等   ② 公   ③ 同   ④ 平

(1) 평평할 평 ➡ (   )

(2) 한가지 동 ➡ (   )

6 다음 밑줄 친 한자의 음(소리)으로 알맞은 것을 찾아 ○표 하세요.

우리 반의 승<u>利</u>를 위해 열심히 달렸습니다.

등   리

대표 한자어 01

사 회

社 會
모일 사 | 모일 회

뜻 같은 무리끼리 모여 이루는 집단.

우리는 社會(사회) 속에서 다른 사람들과 함께 살아가고 있어.

대표 한자어 02

사 장

社 長
모일 사 | 길 장

뜻 회사의 책임자.

그녀는 이제 출판사의 社長(사장)이야.

회 사

會 社
모일 회 | 모일 사

뜻 물건을 팔거나 이익을 얻는 것을 목적으로 하는 단체.

會社(회사)를 이끌어가는 중요한 임무를 맡았구나!

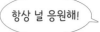
대표 한자어 03

국 회

國	會
나라 국	모일 회

뜻 국민의 대표로 구성한 입법 기관.

회 동

會	同
모일 회	한가지 동

뜻 일정한 목적으로 여러 사람이 한데 모임.

國會(국회)는 선거를 통해 구성된다는 사실을 알고 있니?

그럼! 그리고 여러 국회의원들이 국회에서 會同(회동)을 가지기도 해.

대표 한자어 04

학 계

學	界
배울 학	지경 계

뜻 학문 연구 및 저술에 종사하는 학자들의 활동 분야.

세 계

世	界
인간 세	지경 계

뜻 지구상의 모든 나라. 인류 사회 전체.

그는 해마다 學界(학계)에 새로운 이론을 발표하고 있어.

역시! 世界(세계)에서 가장 유명한 학자다워!

대표 한자어 05

평 등
平	等
평평할 평	무리 등

뜻 권리, 의무, 자격 등이 차별 없이 고르고 한결같음.

동 등
同	等
한가지 동	무리 등

뜻 등급이나 정도가 같음.

대표 한자어 06

공 평
公	平
공평할 공	평평할 평

뜻 어느 쪽으로도 치우치지 않고 고름.

대표 한자어 07

공 공
公	共
공평할 공	한가지 공

뜻 국가나 사회의 구성원에게 두루 관계되는 것.

대표 한자어 08

공동

共	同
한가지 공	한가지 동

뜻 둘 이상의 사람이나 단체가 함께 일하거나,
같은 자격으로 관계를 맺음.

이번 경기에서
단짝 친구끼리 共同(공동)
우승을 했대!

공생

共	生
한가지 공	날 생

뜻 서로 도우며 함께 삶.

서로 도우면서 열심히
연습한 보람이 있구나!
共生(공생)하는 관계가
보기 좋아!

대표 한자어 09

유리

有	利
있을 유	이할 리

뜻 이익이 있음.

달리기 시합에서 토끼가
거북이보다 발놀림이 빨라
有利(유리)해.

1 다음 ◌에 공통으로 들어갈 말을 한자로 바르게 나타낸 것에 ∨표 하세요.

> • 국◌: 국민의 대표로 구성한 입법 기관.
>
> • ◌사: 물건을 팔거나 이익을 얻는 것을 목적으로 하는 단체.

□ 會   □ 界

> **Tip**
>
> '會'는 '모이다'를 뜻하고, ☐(이)라고 읽습니다.
>
> 달 회

2 다음 ◌에 알맞은 글자를 넣어 낱말을 만드세요.

> 권리, 의무, 자격 등이 차별 없이 고르고 한결같음.

◯ 등

> **Tip**
>
> '平'은 (평평하다, 무리)를 뜻하는 한자입니다.
>
> 달 평평하다

3 다음 뜻에 해당하는 낱말을 찾아 선으로 이으세요.

> 서로 도우며 함께 삶.   •

> 학문 연구 및 저술에 종사하는 학자들의 활동 분야.   •

• 학계

• 공생

> **Tip**
>
> '共'은 '한가지'를 뜻하고, ☐(이)라고 읽습니다.
>
> 달 공

4 다음 설명에 해당하는 한자어를 찾아 ◯표 하세요.

> 설명
>
> 회사의 책임자.

 公共   社長

> **Tip**
>
> '社'는 ☐을/를 뜻하고, '사'라고 읽습니다.
>
> 달 모이다

5 다음 밑줄 친 한자어의 음(소리)을 쓰세요.

(1) 그는 <u>世界</u> 기록을 보유한 선수입니다. ➡ (   )

(2) 기회는 모두에게 <u>公平</u>하게 주어져야 합니다. ➡ (   )

Tip

'世界'의 '界'는 '지경'을 뜻하고, [   ](이)라고 읽습니다.

답 계

6 다음 한자어의 뜻을 바르게 설명한 것에 ○표 하세요.

지구상의 모든 나라. 인류 사회 전체.

이익이 있음.

Tip

'有利'의 '利'는 [   ]을/를 뜻하고, '리'라고 읽습니다.

답 이하다(이롭다)

7 다음 낱말 퍼즐을 푸세요.

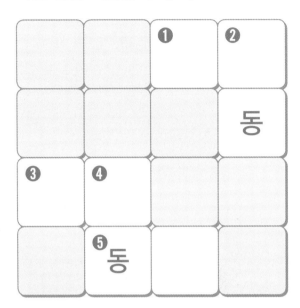

가로 열쇠

❶ 같은 무리끼리 모여 이루는 집단.
❸ 국가나 사회의 구성원에게 두루 관계되는 것.
❺ 등급이나 정도가 같음.

세로 열쇠

❷ 일정한 목적으로 여러 사람이 한데 모임.
❹ 둘 이상의 사람이나 단체가 함께 일하거나, 같은 자격으로 관계를 맺음.

Tip

(公共, 同等)은/는 '등급이나 정도가 같음.'을 뜻하는 한자어입니다.

답 同等

전략 1 한자어의 음(소리) 쓰기

다음 밑줄 친 漢字語한자어의 讀音(독음: 읽는 소리)을 쓰세요.

> 보기
>
> 地圖 ➡ 지도

• 그는 능력을 인정받아 <u>社長</u>이 되었습니다. ➡ (   )

답 | 사장

필수 예제 01

다음 밑줄 친 漢字語한자어의 讀音(독음: 읽는 소리)을 쓰세요.

> 보기
>
> 風力 ➡ 풍력

(1) 그는 아버지의 <u>會社</u>를 물려받았습니다. ➡ (   )

(2) 그녀는 <u>平等</u>한 사회를 꿈꿉니다. ➡ (   )

> 먼저 글 속에 쓰인 한자어의 뜻을 알아내고, 각 한자의 음(소리)을 조합하여 읽도록 합니다.

(3) 체력이 강해야 경기에서 <u>有利</u>합니다. ➡ (   )

전략 ② 한자의 뜻과 음(소리) 쓰기

다음 漢字한자**의 訓**(훈: 뜻)**과 音**(음: 소리)**을 쓰세요.**

보기

才 ➡ 재주 **재**

• 國 ➡ (   )

답 | 나라 국

필수 예제 02

다음 漢字한자**의 訓**(훈: 뜻)**과 音**(음: 소리)**을 쓰세요.**

보기

明 ➡ 밝을 **명**

(1) 家 ➡ (   )

(2) 等 ➡ (   )

한자의 뜻과 음(소리)을
정확하게 구분하여
알아 두어야 합니다.
예 ㅡ 한 일
뜻 음(소리)

(3) 世 ➡ (   )

전략 3 한자어를 구성하는 한자 찾기

다음 문장에 어울리는 漢字語한자어가 되도록 (   ) 안에 알맞은 漢字한자를 보기에서 찾아 그 번호를 쓰세요.

보기

① 共   ② 平   ③ 利   ④ 同

• 대통령이 會(____)에 참석했습니다. ➡ (   )

답 ④

필수 예제 03

다음 문장에 어울리는 漢字語한자어가 되도록 (   ) 안에 알맞은 漢字한자를 보기에서 찾아 그 번호를 쓰세요.

보기

① 公   ② 社   ③ 界   ④ 家

(1) (____)共요금이 조금씩 오르고 있습니다.

➡ (   )

(2) 우리는 (____)會에서 다양한 일을 하며 살아갑니다.

➡ (   )

문장을 이해한 후, 알맞은 한자를 찾아 문장을 완성해 봅시다.

(3) 박사님의 이론은 學(____)에서 큰 주목을 받았습니다.

➡ (   )

전략 4 제시된 뜻에 맞는 한자어 찾기

다음 뜻에 맞는 漢字語한자어를 [보기]에서 찾아 그 번호를 쓰세요.

> **[보기]**
>
> ① 世界　　② 共同　　③ 便利　　④ 公立

• 지구상의 모든 나라. 인류 사회 전체. → (　　　　　)

답 ①

필수 예제 04

다음 뜻에 맞는 漢字語한자어를 [보기]에서 찾아 그 번호를 쓰세요.

> **[보기]**
>
> ① 國會　　② 共生　　③ 同等　　④ 公平

(1) 서로 도우며 함께 삶. → (　　　　　)

(2) 어느 쪽으로도 치우치지 않고 고름. → (　　　　　)

> 한자어의 뜻이 생각나지 않을 때는 한자의 뜻을 조합하여 문제를 풀어 봅시다.

(3) 등급이나 정도가 같음. → (　　　　　)

[한자어의 음(소리) 쓰기]

1 다음 밑줄 친 漢字語한자어의 讀音(독음: 읽는 소리)을 쓰세요.

동화책을 읽고 동심의 **世界**에 빠졌습니다.

➡ (   )

Tip
'世界'는 '지구상의 모든 나라. 인류 사회 전체.'를 뜻하는 한자어입니다.

[한자어의 음(소리) 쓰기]

2 다음 밑줄 친 漢字語한자어의 讀音(독음: 읽는 소리)을 쓰세요.

그녀는 동료들과 **共同** 연구를 진행하고 있습니다.

➡ (   )

Tip
'共同'은 '둘 이상의 사람이나 단체가 함께 일하거나, 같은 자격으로 관계를 맺음.'을 뜻하는 한자어입니다.

[한자의 뜻과 음(소리) 쓰기]

3 다음 漢字한자의 訓(훈: 뜻)과 音(음: 소리)을 쓰세요.

> 보기
>
> 音 ➡ 소리 음

• 公 ➡ (   )

Tip
'公'은 '공평하다'를 뜻합니다.

[한자의 뜻과 음(소리) 쓰기]

4 다음 漢字한자의 訓(훈: 뜻)과 音(음: 소리)을 쓰세요.

> 보기
>
> 雪 ➡ 눈 설

• 社 ➡ (   )

Tip
'社'는 '사'라고 읽습니다.

[한자어를 구성하는 한자 찾기]

5 다음 문장에 어울리는 漢字語한자어가 되도록 ( ) 안에 알맞은 漢字한자를 보기에서 찾아 그 번호를 쓰세요.

> 보기
>
> ① 利   ② 世   ③ 等   ④ 家

• 농구 시합은 키 큰 아이들이 有(   )합니다.

→ (   )

[한자어를 구성하는 한자 찾기]

6 다음 문장에 어울리는 漢字語한자어가 되도록 ( ) 안에 알맞은 漢字한자를 보기에서 찾아 그 번호를 쓰세요.

> 보기
>
> ① 共   ② 界   ③ 同   ④ 會

• 그녀는 國(   ) 의원 선거에 후보자로 나왔습니다.

→ (   )

[제시된 뜻에 맞는 한자어 찾기]

7 다음 뜻에 맞는 漢字語한자어를 보기에서 찾아 그 번호를 쓰세요.

> 보기
>
> ① 公共   ② 平等   ③ 社會   ④ 學界

• 권리, 의무, 자격 등이 차별 없이 고르고 한결같음.

→ (   )

01 다음 ☐ 안에 들어갈 알맞은 한자에 ○표 하세요.

나의 소원은 ☐ 界 여행을
떠나는 것입니다.
(家 / 世)

02 다음 한자의 뜻과 음(소리)을 쓰세요.

> 보기
> 清 → 맑을 청

(1) 界 → (   )

(2) 利 → (   )

03 다음 밑줄 친 한자어의 음(소리)을 쓰세요.

> 인간의 생명은 <u>同等</u>한 가치를
> 가집니다.

→ (   )

04 다음 ☐ 안에 들어갈 알맞은 한자를 보기 에서 찾아 그 번호를 쓰세요.

> 보기
> ① 共   ② 利   ③ 國

• ☐ 회: 국민의 대표로 구성한 입법
기관.

→ (   )

05 다음 뜻과 음(소리)에 해당하는 한자를 보기 에서 찾아 그 번호를 쓰세요.

> 보기
> ① 同   ② 社   ③ 會

• 한가지 동 → (   )

06 다음 설명 에 해당하는 한자어를 빈 칸을 채워 완성하세요.

설명
어느 쪽으로도 치우치지 않고 고름.

답

07 다음 한자의 뜻을 보기 에서 찾아 그 번호를 쓰세요.

보기
① 나라 ② 모이다 ③ 한가지

• 會 ➡ (   )

08 다음 뜻에 해당하는 한자어를 보기 에서 찾아 그 번호를 쓰세요.

보기
① 有利 ② 會社 ③ 公共

• 물건을 팔거나 이익을 얻는 것을 목 적으로 하는 단체.
➡ (   )

09 다음 밑줄 친 낱말에 해당하는 한자어 를 보기 에서 찾아 그 번호를 쓰세요.

보기
① 公同 ② 社會 ③ 共生

• 우리는 서로 도우며 공생 관계를 유 지합니다.
➡ (   )

10 다음 문장에 어울리는 한자어가 되 도록 (   ) 안에 알맞은 한자를 보기 에서 찾아 그 번호를 쓰세요.

보기
① 等   ② 界   ③ 家

• 노력은 모두에게 平(   )합니다.
➡ (   )

창의·융합·코딩 전략 ❶

1 위 대화를 읽고, 공공장소에서 지켜야 할 예절을 쓰세요.

→ (   )

2 위 대화를 읽고, 흰동가리와 말미잘처럼 '서로 도우면서 함께 삶.'을 뜻하는 한자어의 음(소리)을 쓰세요.

• 한자어의 음(소리) ➡ (   )

창의·융합·코딩 전략 ❷

코딩

1 규칙에 따라 출력된 한자어의 뜻으로 알맞은 것을 찾아 선으로 이으세요.

규칙

▲ → 社　　■ → 長　　♥ → 會　　★ → 同

출력

♥★	·	·	물건을 팔거나 이익을 얻는 것을 목적으로 하는 단체.
▲■	·	·	회사의 책임자.
♥▲	·	·	일정한 목적으로 여러 사람이 한데 모임.

창의 융합

2 그림에서 한자 '家'의 뜻이 쓰여 있는 팻말을 모두 찾아 ○표 하세요.

코딩

3 다음 문제를 풀어 본 후, 해당하는 솜사탕을 찾아 ○표 하세요.

1. 색

'共'의 뜻과 음(소리)은
'한가지 공'입니다.

○

×

2. 모양

'界'의 뜻과 음(소리)은
'인간 계'입니다.

○

×

창의 융합

4 다음 글을 읽고, 글의 내용과 관련이 있는 한자를 쓰세요.

이것은 '등급'이나 '무리'라는 뜻을 가진 글자입니다. 이것은 같은 종류의 것이 더 있음을 나타내기도 하고, 등급이나 석차를 나타내는 단위로 쓰이기도 합니다.

답

창의·융합·코딩 전략 ❷

창의 융합

5 다음 밑줄 친 낱말들과 관련이 <u>없는</u> 한자어를 보기 에서 찾아 ○표 하세요.

보기

| 公共 | 公平 | 國會 | 有利 |

도서관에서는 조용히

오늘은 <u>공공</u> 도서관에 가서 책을 읽는 날입니다. 나는 친구와 <u>공평</u>하게 책을 읽었습니다. 높은 곳에 있는 책은 키가 커서 책을 꺼내기 <u>유리</u>한 선생님이 꺼내 주셨습니다.

창의 융합

6 다음 밑줄 친 낱말에 해당하는 한자어를 보기 에서 찾아 ○표 하세요.

보기

| 同等 | 共生 | 社會 | 學界 |

고대 이집트 여성은 남성과 거의 <u>동등</u>한 권리를 누렸습니다. 여성도 집과 토지를 소유할 수 있었습니다. 또한 상류층의 경우 남편과 아내는 법적 권리도 <u>동등</u>하게 적용했습니다.

코딩

7 **명령어** 를 **규칙** 에 따라 지도에 표시했을 때, 잘못 표시된 한자를 찾고, 그 한자의 뜻과 음(소리)을 쓰세요.

규칙

한자의 음(소리) 바깥에 해당 기호가 표시됨.

예) 利 ➡ ♡ ➡ 🔴리

명령어

國 ➡ ○
平 ➡ ◇
公 ➡ □
家 ➡ △
世 ➡ ☆

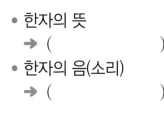

• 한자의 뜻
➡ (   )
• 한자의 음(소리)
➡ (   )

창의 융합

8 다음 글을 읽고, 밑줄 친 한자어의 음(소리)을 쓰세요.

　〈훈민정음〉은 역사적 가치를 인정받아 유네스코 世界 기록 유산으로 등록되었습니다. 훈민정음을 바탕으로 만든 한글은 쉽게 배울 수 있는 문자이며, 소리 나는 대로 적을 수 있는 문자라는 점이 큰 장점입니다.
　최근에는 한국 기업이 世界로 많이 진출하면서, 한국어를 배우려는 사람도 많아졌습니다. 우리의 말과 글을 스스로 아끼고 소중히 여긴다면 한글은 世界 속에서 더 가치를 인정받을 수 있을 것입니다.

• 한자어의 음(소리) ➡ (   )

사회/행동 한자

다들 모여서 뭐 하는 중이야?

동아리 방

동아리 반(班)을 꾸밀 재료들을 나누고[分] 있어.

나는 오름이를 대신해서[代] 색종이를 자르고 있어!

오. 겉[表]보기와는 다르게 예쁘게 잘 자르는걸.

으쓱 으쓱

잘못 자르면 돌이킬[反] 수 없으니 잘 살펴[省] 잘라야 해!

어머, 조심해!

❶ 代 대신할 **대**   ❷ 表 겉 **표**   ❸ 部 떼 **부**   ❹ 各 각각 **각**   ❺ 分 나눌 **분**

❻ 班 나눌 **반**   ❼ 反 돌이킬/돌아올 **반**   ❽ 對 대할 **대**   ❾ 戰 싸움 **전**

❿ 省 살필 **성**|덜 **생**   ⓫ 藥 약 **약**   ⓬ 用 쓸 **용**

2주 04일 급수 한자 **돌파 전략 ①**

점선 위로 겹쳐서 한자를 써 보세요.

연한 글씨 위로 겹쳐서 한자를 따라 써 보세요.

한자 1 부수 人(亻) | 총 5획

代 대신할 대

앞 세대를 이어 다음 세대가 대신한다는 의미에서 [ ]을/를 뜻해요.

답 대신하다

쓰는 순서 ノ 亻 亻 代 代

代	代							
대신할 대	대신할 대							

한자 2 부수 衣 | 총 8획

表 겉 표

털로 만든 겉옷을 표현한 한자로 [ ]을/를 뜻해요.

답 겉

쓰는 순서 一 二 十 キ 主 丰 表 表

表	表						
겉 표	겉 표						

한자 3 부수 邑(⻏) | 총 11획

部 떼 부

고을 사람들이 무리 지어 살았다는 데서 [ ]을/를 뜻해요.

답 떼(집단)

쓰는 순서 ` ㆍ 二 咅 立 咅 咅 咅 咅 部 部

部	部							
떼 부	떼 부							

---

1 다음 한자의 뜻과 음(소리)으로 알맞은 것을 찾아 선으로 이으세요.

2 다음 그림에서 한자 '떼 부'를 모두 찾아 ○표 하세요.

점선 위로 겹쳐서 한자를 써 보세요.

연한 글씨 위로 겹쳐서 한자를 따라 써 보세요.

한자 4 | 부수 口 | 총 6획

各 각각 각

사람의 발이 각자의 집에 다다른 모습에서 [   ](이)라는 뜻이 생겼어요.

답 각각

쓰는 순서 ' ク 夂 冬 各 各

各	各						
각각 각	각각 각						

뜻이 반대인 한자 共(한가지 공), 同(한가지 동)

한자 5 | 부수 刀 | 총 4획

分 나눌 분

사물이 반으로 나눠진 모습에서 [   ]을/를 뜻하게 되었어요.

답 나누다

쓰는 순서 ' 八 分 分

分	分						
나눌 분	나눌 분						

모양이 비슷한 한자 今(이제 금) 뜻이 비슷한 한자 班(나눌 반)

한자 6 | 부수 玉(王) | 총 10획

班 나눌 반

칼로 옥을 나누는 모습에서 [   ]을/를 뜻하게 되었어요.

답 나누다

쓰는 순서 一 ⼆ ⺧ 王 王 珏 玔 玡 班 班

班	班						
나눌 반	나눌 반						

뜻이 비슷한 한자 分(나눌 분)

3 다음 그림 속 밑줄 친 낱말들에 해당하는 한자를 <u>모두</u> 찾아 ○표 하세요.

4 그림 속 물음에 알맞은 답을 골라 ∨표 하세요.

□ 나눌 반

□ 나눌 분

□ 때 부

1 다음 한자의 뜻으로 알맞은 것을 찾아 선으로 이으세요.

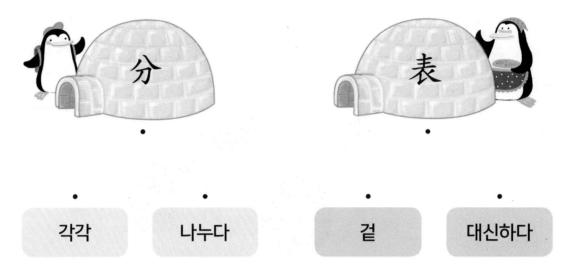

각각　　　나누다　　　겉　　　대신하다

2 다음 한자의 뜻과 음(소리)을 쓰세요.

代　　　[　　　]을/를 뜻하고,
　　　[　]　(이)라고 읽습니다.

[　　　]을/를 뜻하고,
[　]　(이)라고 읽습니다.　　　各

3 다음 음(소리)에 해당하는 한자를 보기 에서 찾아 그 번호를 쓰세요.

보기
① 部　　　② 表　　　③ 班　　　④ 代

부　　　표　　　반

4 다음 밑줄 친 한자의 음(소리)으로 알맞은 것을 찾아 ○표 하세요.

나들이를 가니 기分이 좋습니다.

 분

 박

5 다음 밑줄 친 낱말에 해당하는 한자를 찾아 ○표 하세요.

새들이 떼를 지어 날아가고 있습니다.

各

部

6 다음 한자 카드에 들어갈 한자로 알맞은 것에 ∨표 하세요.

나눌 반

☐ 各   ☐ 代

☐ 表   ☐ 班

점선 위로 겹쳐서 한자를 써 보세요.

연한 글씨 위로 겹쳐서 한자를 따라 써 보세요.

한자 1 부수 又 | 총 4획

反 돌이킬 / 돌아올 반

손으로 어떠한 물건을 뒤집는 모습에서 ❶⬚⬚, ❷⬚⬚을/를 뜻하게 되었어요.

답 ❶ 돌이키다 ❷ 돌아오다

쓰는 순서 ー 厂 反 反

反	反					

돌이킬/돌아올 **반** 돌이킬/돌아올 **반**

한자 2 부수 寸 | 총 14획

對 대할 대

여러 개의 초가 꽂힌 긴 촛대를 들고 불빛으로 앞사람과 마주한다는 데서 ⬚⬚⬚(이)나 '마주하다'를 뜻해요.

답 대하다

쓰는 순서 ` ⺋ ⺋ ⺋ ⺋ ⺋ ⺋ ⺋ ⺋ ⺋ 業 業 對 對

對	對					

대할 대 대할 대

모양이 비슷한 한자 業(업 업)

한자 3 부수 戈 | 총 16획

戰 싸움 전

전쟁을 할 때 사용하는 무기를 나타낸 한자로 ⬚⬚ 또는 '전쟁'을 뜻해요.

답 싸움

쓰는 순서 ` ⺊ ⼝ 吅 吅 吅 꿈 單 單 單 單 單 戰 戰 戰

戰	戰					

싸움 전 싸움 전

뜻이 반대인 한자 和(화할 화)

1 다음 한자의 뜻과 음(소리)으로 알맞은 것을 찾아 선으로 이으세요.

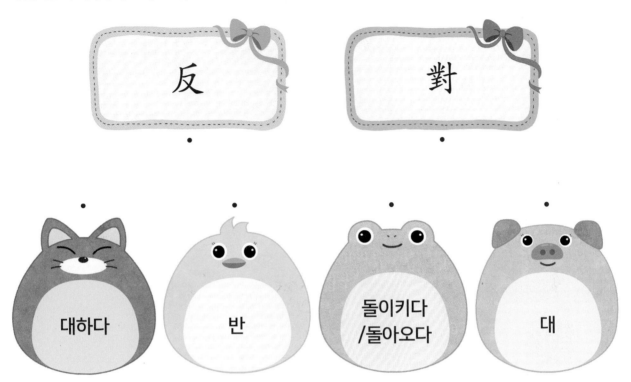

反   對

대하다   반   돌이키다
/돌아오다   대

2 다음 그림에서 밑줄 친 낱말에 해당하는 한자를 찾아 ○표 하세요.

오늘은 친구와 눈싸움을 하며 놀았습니다.
친구보다 눈을 잘 뭉쳐서 이길 수 있었습니다.
친구와 노니 너무 즐거웠습니다.

戰   反

對

分

점선 위로 겹쳐서 한자를 써 보세요.

연한 글씨 위로 겹쳐서 한자를 따라 써 보세요.

한자 4 | 부수 目 | 총 9획

省 살필 성|
덜 생

식물이 잘 자라고 있는지 살펴보는 모습에서 ❶ 을/를 뜻해요. ❷ (이)라는 뜻일 때는 '생'이라고 읽어요.

답 ❶ 살피다 ❷ 덜다

쓰는 순서 丿 ⺊ 小 少 少 省 省 省 省

省 | 省

살필 성|덜 생 | 살필 성|덜 생

한자 5 | 부수 艸(⺿) | 총 19획

藥 약 약

아팠던 몸이 약초를 먹고 회복되었다는 의미에서 을/를 뜻해요.

답 약

쓰는 순서 一 十 卝 芇 芇 芐 芐 苩 苩 荶 葤 蓅 蒥 蕐 薴 薴 薬 藥 藥

藥 | 藥

약 약 | 약 약

모양이 비슷한 한자 樂(즐길 락|노래 악|좋아할 요)

한자 6 | 부수 用 | 총 5획

用 쓸 용

나무로 만든 통을 그린 한자로 후에 뜻이 변하여 (이)라는 뜻이 생겼어요.

답 쓰다

쓰는 순서 丿 冂 月 月 用

用 | 用

쓸 용 | 쓸 용

3 다음 대화 속 물음에 알맞은 답을 쓰세요.

'省'의 뜻과 음(소리)은?

'(   ) 성' 또는 '덜 (   )'(이)야.

'藥'의 뜻과 음(소리)은?

'약'을 뜻하고, '(   )'(이)라고 읽어.

4 한자 '쓸 용'이 있는 칸을 색칠하여 바다에 도착하세요.

출발

用	用	藥	省	藥
省	用	省	藥	省
省	用	用	用	藥
藥	省	藥	用	用

도착

1 다음 한자의 뜻과 음(소리)으로 알맞은 것을 찾아 ○표 하세요.

對

대할 대

싸움 전

약 약

2 다음 한자의 뜻과 음(소리)으로 알맞은 것을 찾아 ○표 하세요.

用

뜻	음(소리)
쓰다	성
돌이키다	반
살피다	용

3 다음 음(소리)에 해당하는 한자를 찾아 ∨표 하세요.

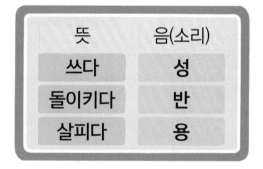

반

☐ 反　　☐ 戰　　☐ 省

4 다음 밑줄 친 말에 해당하는 한자를 쓰세요.

횡단보도에서는 신호등을 잘 <u>살피고</u>
건너야 합니다.

답

5 다음 문장의 내용이 맞으면 '예', 틀리면 '아니요'에 ○표 하세요.

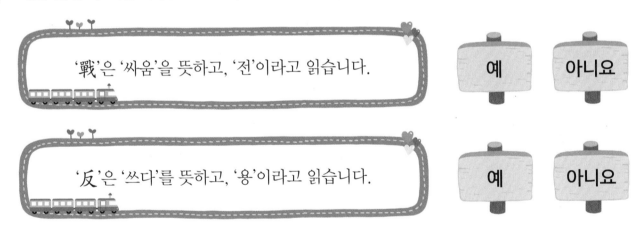

'戰'은 '싸움'을 뜻하고, '전'이라고 읽습니다.   예   아니요

'反'은 '쓰다'를 뜻하고, '용'이라고 읽습니다.   예   아니요

6 다음 밑줄 친 한자의 음(소리)으로 알맞은 것을 찾아 ○표 하세요.

텃밭에 나물과 <u>藥</u>초를 심었습니다.

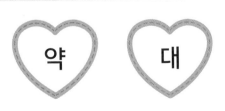

약   대

대표 한자어 | 01 |

대표

대신할 대 · 겉 표

뜻 어떤 일을 집단을 대신하여서 하거나 그런 사람을 이르는 말.

발표

필 발 · 겉 표

뜻 일이나 생각을 겉으로 나타냄.

이번 학기 토론회 代表(대표)가 뽑혔어.

곧 發表(발표) 준비를 시작하겠구나!

대표 한자어 | 02 |

분반

나눌 분 · 나눌 반

뜻 한 반을 몇 개의 반으로 나눔.

반장

나눌 반 · 길 장

뜻 반을 대표하는 사람.

학생 수가 많은 반을 두 반으로 分班(분반) 한다고 해.

그럼 곧 班長(반장) 선거가 열리겠네!

항상 널 응원해!

대표 한자어 03

부분

部	分
떼 부	나눌 분

뜻 전체를 이루는 작은 범위.
또는 전체를 몇 개로 나눈 것의 하나.

과일의 상한
部分(부분)에서
벌레가 나왔어!

대표 한자어 04

각 계

各	界
각각 각	지경 계

뜻 사회의 각 분야.

各界(각계)의
전문가들의
모습이네!

대표 한자어 05

신 분

身	分
몸 신	나눌 분

뜻 개인의 사회적인 위치나 계급.

과거에는 오늘날과 달리
身分(신분)제도가
있었어.

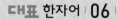
대표 한자어 06

반 대
돌이킬/돌아올 **반** | 대할 대

뜻 의견이나 생각을 같이 하지 않는 것.
또는 성질이나 방향이 완전히 다른 것.

친구와 다툰 일 때문에 이번 주에 여행 가는 걸 엄마가 反對(반대)하시나 봐.

반 성
돌이킬/돌아올 **반** | 살필 성I덜 생

뜻 잘못이나 부족함이 없는지 돌이켜 봄.

진심으로 反省(반성)하는 모습을 보여드리면 어떨까?

대표 한자어 07

대 전
대할 대 | 싸움 전

뜻 서로 맞서서 싸움.

내일은 농구 경기에서 다른 학교와 對戰(대전)하는 날이야.

작 전
지을 작 | 싸움 전

뜻 어떤 일을 이루기 위하여 필요한 조치나 방법을 강구하거나 실행함.

作戰(작전)을 잘 세우면 충분히 이길 수 있어!

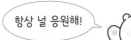

대표 한자어 | 08 |

활 용

活	用
살 활	쓸 용

뜻 충분히 잘 이용함.

환경 보호를 위해
시장바구니를
活用(활용)해야 해.

대표 한자어 | 09 |

약 용

藥	用
약 약	쓸 용

뜻 약으로 씀.

한 약

韓	藥
한국/나라 한	약 약

뜻 한방에서 쓰는 약.

이 나무껍질은
藥用(약용)의 효과가
뛰어나대!

이 약초는 韓藥(한약)의
재료로 쓰이기도 해!

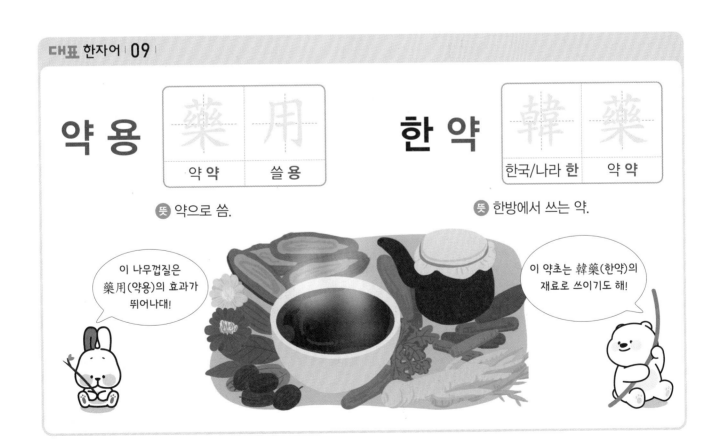

2주 03일 급수 한자어 대표 전략 ❷

1 한자 '싸움 전'이 들어 있는 한자어를 <u>모두</u> 찾아 ◯표 하세요.

作戰 放電 對戰

Tip

'對戰'은 '서로 맞서서 [   ].'을/를 뜻하고, '대전'이라고 읽습니다.

답 싸움

2 다음 ◯에 들어갈 알맞은 한자를 쓰세요.

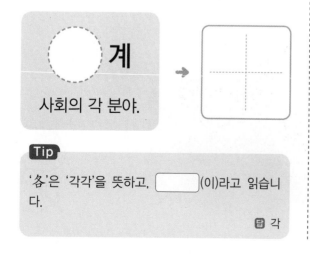

◯ 계

사회의 각 분야.

Tip

'各'은 '각각'을 뜻하고, [   ](이)라고 읽습니다.

답 각

3 다음 뜻에 해당하는 낱말을 찾아 선으로 이으세요.

한방에서 쓰는 약.

한약   약용

Tip

'藥'은 '약'을 뜻하고, [   ](이)라고 읽습니다.

답 약

4 다음 설명에 해당하는 한자어를 찾아 ◯표 하세요.

설명

전체를 이루는 작은 범위.
또는 전체를 몇 개로 나눈 것의 하나.

 活用   部分

Tip

'部分'의 '分'은 [   ]을/를 뜻하고, '분'이라고 읽습니다.

답 나누다

5 다음 문장에 들어갈 알맞은 한자어를 찾아 ○표 하세요.

> (1) 오늘은 지난달에 열린 글쓰기 대회 수상자 (反對 / 發表)가 있는 날입니다.

> (2) 그는 자신의 (身分 / 分班)을 밝히지 않은 채 봉사 활동을 했습니다.

Tip

'表'는 [ ]을/를 뜻하고, '표'라고 읽습니다.

🔑 겉

6 '代表(대표)'의 뜻을 바르게 설명한 것에 ○표 하세요.

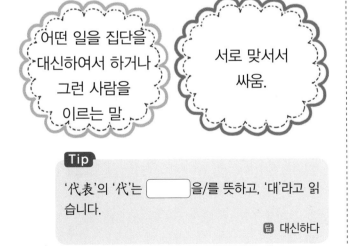

어떤 일을 집단을 대신하여서 하거나 그런 사람을 이르는 말.

서로 맞서서 싸움.

Tip

'代表'의 '代'는 [ ]을/를 뜻하고, '대'라고 읽습니다.

🔑 대신하다

7 다음 낱말판에서 **설명** 에 해당하는 낱말을 <u>모두</u> 찾아 ○표 하세요.

전	표	분	반
반	대	생	장
성	작	활	강
부	약	용	대

설명

① 한 반을 몇 개의 반으로 나눔.
② 약으로 씀.
③ 반을 대표하는 사람.
④ 의견이나 생각을 같이 하지 않는 것. 또는 성질이나 방향이 완전히 다른 것.
⑤ 충분히 잘 이용함.
⑥ 잘못이나 부족함이 없는지 돌이켜 봄.

Tip

(反對, 分班)은/는 '의견이나 생각을 같이 하지 않는 것. 또는 성질이나 방향이 완전히 다른 것.'을 뜻하는 한자어입니다.

🔑 反對

전략 ① 한자어의 음(소리) 쓰기

다음 밑줄 친 漢字語한자어의 讀音(독음: 읽는 소리)을 쓰세요.

> **보기**
>
> 社會 ➡ 사회

• 우리는 모두 그의 의견에 **反對**하였습니다. ➡ (   )

> 답 | 반대

필수 예제 | 01 |

다음 밑줄 친 漢字語한자어의 讀音(독음: 읽는 소리)을 쓰세요.

> **보기**
>
> 公共 ➡ 공공

(1) 인형의 팔 **部分**이 찢어졌습니다. ➡ (   )

(2) 그곳을 지나면 항상 **韓藥**을 달이는 냄새가 납니다. ➡ (   )

> 먼저 글 속에 쓰인
> 한자어의 뜻을 알아내고,
> 각 한자의 음(소리)을
> 조합하여 읽도록 합니다.

(3) 그녀는 **各界**에서 뛰어난 활약을 보였습니다. ➡ (   )

전략 2 한자의 뜻과 음(소리) 쓰기

다음 漢字한자의 訓(훈: 뜻)과 音(음: 소리)을 쓰세요.

> 보기
>
> 界 ➡ 지경 **계**

• 分 ➡ (   )

답 나눌 분

필수 예제 02

다음 漢字한자의 訓(훈: 뜻)과 音(음: 소리)을 쓰세요.

> 보기
>
> 利 ➡ 이할 **리**

(1) 藥 ➡ (   )

(2) 表 ➡ (   )

(3) 對 ➡ (   )

'한국어문회'에서 제시한
대표 뜻과 음(소리)을
꼭 알아 두어야 합니다.

전략 **3** 한자어를 구성하는 한자 찾기

다음 문장에 어울리는 漢字語한자어가 되도록 (   ) 안에 알맞은 漢字한자를 보기 에서 찾아 그 번호를 쓰세요.

보기

① 代   ② 部   ③ 反   ④ 戰

• 그는 국가 (   )表에 선발되었습니다. ➡ (   )

답 ①

필수 예제 | 03 |

다음 문장에 어울리는 漢字語한자어가 되도록 (   ) 안에 알맞은 漢字한자를 보기 에서 찾아 그 번호를 쓰세요.

보기

① 各   ② 省   ③ 班   ④ 用

(1) 아빠는 컴퓨터를 活(____)해서 글을 쓰십니다.

➡ (   )

(2) 일기를 쓰며 오늘 하루를 反(____)해 봅니다.

➡ (   )

여러 가지 음(소리)과 뜻을 지닌 한자에 유의하며 문제를 풀도록 합니다.
예) 北 북녘 북/ 달아날 배

(3) 내 친구가 이번 달 학급 (____)長으로 뽑혔습니다.

➡ (   )

66 한자 전략

전략 **4** 제시된 뜻에 맞는 한자어 찾기

다음 뜻에 맞는 漢字語한자어를 보기에서 찾아 그 번호를 쓰세요.

> 보기
>
> ① 分班   ② 表明   ③ 對戰   ④ 利用

• 서로 맞서서 싸움. ➡ (   )

답 ③

필수예제 **04**

다음 뜻에 맞는 漢字語한자어를 보기에서 찾아 그 번호를 쓰세요.

> 보기
>
> ① 身分   ② 發表   ③ 藥用   ④ 作戰

(1) 어떤 일을 이루기 위하여 필요한 조치나 방법을 강구하거나 실행함.

➡ (   )

(2) 개인의 사회적인 위치나 계급. ➡ (   )

한자어의 뜻이 생각나지 않을 때는 한자의 뜻을 조합하여 문제를 풀어 봅시다.

(3) 일이나 생각을 겉으로 나타냄. ➡ (   )

[한자어의 음(소리) 쓰기]

1 다음 밑줄 친 漢字語_{한자어}의 讀音^(독음: 읽는 소리)을 쓰세요.

대통령은 국가를 <u>代表</u>하는 사람입니다.

➡ (　　　　　　　)

Tip
'代表'는 '어떤 일을 집단을 대신하여서 하거나 그런 사람을 이르는 말.'을 뜻하는 한자어입니다.

[한자어의 음(소리) 쓰기]

2 다음 밑줄 친 漢字語_{한자어}의 讀音^(독음: 읽는 소리)을 쓰세요.

이 풀은 <u>藥用</u> 식물로 인기가 많습니다.

➡ (　　　　　　　)

Tip
'藥用'은 '약으로 씀.'을 뜻하는 한자어입니다.

[한자의 뜻과 음(소리) 쓰기]

3 다음 漢字_{한자}의 訓^(훈: 뜻)과 音^(음: 소리)을 쓰세요.

보기

會 ➡ 모일 회

• 用 ➡ (　　　　　　　)

Tip
'用'은 '쓰다'를 뜻합니다.

[한자의 뜻과 음(소리) 쓰기]

4 다음 漢字_{한자}의 訓^(훈: 뜻)과 音^(음: 소리)을 쓰세요.

보기

共 ➡ 한가지 공

• 部 ➡ (　　　　　　　)

Tip
'部'는 '부'라고 읽습니다.

[한자어를 구성하는 한자 찾기]

5 다음 문장에 어울리는 漢字語한자어가 되도록 (   ) 안에 알맞은 漢字한자를 보기에서 찾아 그 번호를 쓰세요.

Tip
작전은 '어떤 일을 이루기 위하여 필요한 조치나 방법을 강구하거나 실행함.'을 뜻하는 말입니다.

보기

① 戰   ② 代   ③ 反   ④ 各

• 그가 계획한 긴급 作(   )은 대성공이었습니다.

➡ (   )

[한자어를 구성하는 한자어 찾기]

6 다음 문장에 어울리는 漢字語한자어가 되도록 (   ) 안에 알맞은 漢字한자를 보기에서 찾아 그 번호를 쓰세요.

Tip
'발표'는 '일이나 생각을 겉으로 나타냄.'을 뜻하는 말입니다.

보기

① 對   ② 表   ③ 省   ④ 藥

• 기상청의 發(   )에 따르면 곧 장마가 시작된다고 합니다.

➡ (   )

[제시된 뜻에 맞는 한자어 찾기]

7 다음 뜻에 맞는 漢字語한자어를 보기에서 찾아 그 번호를 쓰세요.

Tip
'班'은 '나누다'를 뜻하고, '반'이라고 읽습니다.

보기

① 活用   ② 反對   ③ 分班   ④ 各界

• 한 반을 몇 개의 반으로 나눔. ➡ (   )

주 누구나 **만점 전략**

01 다음 ☐ 안에 들어갈 알맞은 한자에 ◯표 하세요.

친구의 집과 내 집은

☐ 對 방향입니다.

(反 / 用)

02 다음 한자의 뜻과 음(소리)을 쓰세요.

> **보기**
>
> 平 → 평평할 **평**

(1) 各 → (   )

(2) 代 → (   )

03 다음 밑줄 친 한자어의 음(소리)을 쓰세요.

> 실수했을 때는 <u>反省</u>하고
> 고쳐야 합니다.

→ (   )

04 다음 ☐ 안에 들어갈 알맞은 한자를 보기 에서 찾아 그 번호를 쓰세요.

> **보기**
>
> ① 部   ② 分   ③ 班

• 신 ☐ : 개인의 사회적인 위치나 계급.

→ (   )

05 다음 뜻과 음(소리)에 해당하는 한자를 보기 에서 찾아 그 번호를 쓰세요.

> **보기**
>
> ① 戰   ② 表   ③ 對

• 싸움 전 → (   )

06 다음 설명에 해당하는 한자어를 빈 칸을 채워 완성하세요.

설명

약으로 씀.

답

07 다음 한자의 뜻을 보기에서 찾아 그 번호를 쓰세요.

보기

① 나누다 ② 때 ③ 쓰다

• 用 ➡ (   )

08 다음 뜻에 해당하는 한자어를 보기에서 찾아 그 번호를 쓰세요.

보기

① 各界 ② 班長 ③ 代表

• 사회의 각 분야.

➡ (   )

09 다음 밑줄 친 낱말에 해당하는 한자어를 보기에서 찾아 그 번호를 쓰세요.

보기

① 對戰 ② 活用 ③ 韓藥

• 그림 카드를 활용하여 공부하니 재미있습니다.

➡ (   )

10 다음 문장에 어울리는 한자어가 되도록 (   ) 안에 알맞은 한자를 보기에서 찾아 그 번호를 쓰세요.

보기

① 藥 ② 反 ③ 部

• 오늘 배운 (   )分을 공부하였습니다.

➡ (   )

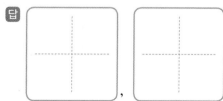

창의 융합

1 위 대화를 읽고, '나누다'를 뜻하는 한자를 <u>모두</u> 찾아 쓰세요.(답 2개)

답

,

창의 융합

2 위 대화를 읽고, '약으로 씀.'을 뜻하는 한자어를 한자로 쓰세요.

답

창의·융합·코딩 **전략 ❷**

코딩

1 '출발' 지점에서 **명령어** 대로 이동하여 만나는 한자어와 한자어의 음(소리)을 쓰세요.

명령어

▲는 **출발** 에서 아래로 한 칸, 왼쪽으로 한 칸을 이동하여 만난 한자를 적습니다.

■는 **출발** 에서 위로 두 칸을 이동하여 만난 한자를 적습니다.

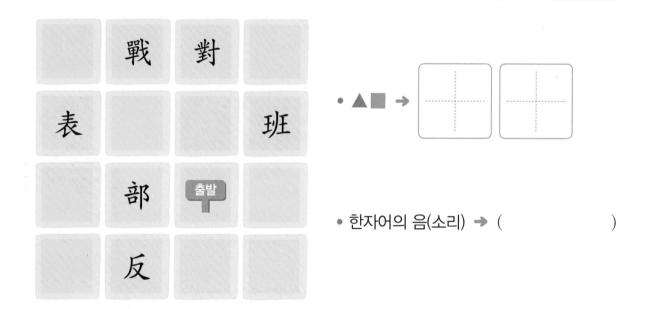

• ▲■ →

• 한자어의 음(소리) → (　　　　　　　　)

창의 융합

2 다음 한자와 관련이 있는 말을 대화에서 찾아 그 기호를 쓰세요.

○칼은 조심해서 ○사용해야 한단다.

○상처에는 ○약을 발라야 한단다.

(1) 用 → (　　　　　　) 　　(2) 藥 → (　　　　　　)

창의 융합

3 다음 글을 읽고, ⬜ 안에 들어갈 알맞은 한자를 쓰세요.

> ⬜ 은/는 작은 것을 자세히 본다는 것으로 '살피다'라는 뜻을 가집니다. 우리는 설날이나 추석에 조상의 산소를 찾아가서 돌보는 ⬜ 묘를 하기도 합니다.

답 ⬜

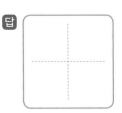

4 다음 문제 대로 명령어 의 버튼을 눌렀을 때 완성된 잠수함을 찾아 ○표 하세요.

명령어

버튼을 누르면 명령에 맞는 부분에 색이 칠해짐. (단, 명령에 맞지 않는 부분은 아무 색도 칠해지지 않음.)

 分의 뜻 ➡ 파란색
分의 음(소리) ➡ 빨간색

 代의 뜻 ➡ 초록색
代의 음(소리) ➡ 노란색

 各의 뜻 ➡ 주황색
各의 음(소리) ➡ 검정색

 바로 전 단계 취소

문제

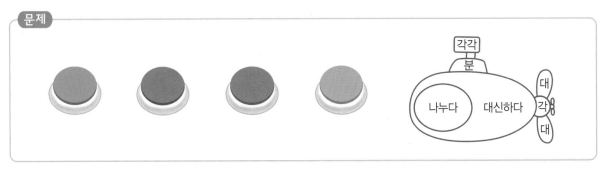

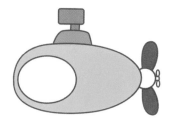

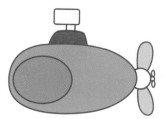

창의 융합

5 다음 설명을 읽고, 얼룩말의 습성과 관련이 있는 한자를 고르세요.

→ (   )

얼룩말은 자신을 보호하기 위해 떼를 지어 다니는 습성이 있습니다.

다 같이 모여 있을 때 얼룩말의 무늬가 겹쳐 개체 수가 많고 커 보이기 때문입니다.

① 部   ② 反   ③ 省   ④ 用

코딩

6 다음 문제 의 규칙을 찾고, 비어 있는 접시에 들어갈 알맞은 한자를 보기 에서 찾아 한자어를 완성하세요.

보기

문제

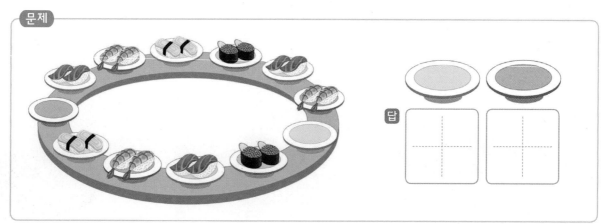

답

7 다음 밑줄 친 낱말들과 관련이 **없는** 한자어를 보기 에서 찾아 ○표 하세요.

보기

| 發表 | 韓藥 | 班長 | 作戰 |

'1-2의 우승을 위하여'

오늘 아침에는 <u>발표</u> 수업이 있었습니다. 친구들이 모두 적극적으로 참여해 주었습니다.

오후에는 체육 대회 우승을 위해 <u>반장</u>이 세운 <u>작전</u>을 열심히 들었습니다.

8 다음 글을 읽고, 밑줄 친 한자어의 음(소리)을 쓰세요.

<u>**身分**</u> 제도는 태어날 때의 출신에 따라서 계급을 나누는 제도입니다. <u>**身分**</u>은 부모로부터 물려받아 태어나면서부터 정해져 있었습니다.

조선 시대의 <u>**身分**</u>은 크게 양인과 천민으로 나누어졌습니다. 그리고 <u>**身分**</u>에 따라 사람들의 생활 모습도 매우 달랐습니다.

• 한자어의 음(소리) ➡ (   )

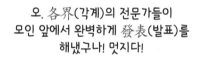

🐻 **만화를 보고, 지금까지 배운 한자를 기억해 보세요.**

1주 | 사회 한자

社 會 國 世 界 家 平 等 同 公 共 利

2주 | 사회 / 행동 한자

代 表 部 各 分 班 反 對 戰 省 藥 用

신유형·신경향·서술형 전략

1 다음은 우주의 한자 시험지입니다. 그림을 보고, 다음 물음에 답하세요.

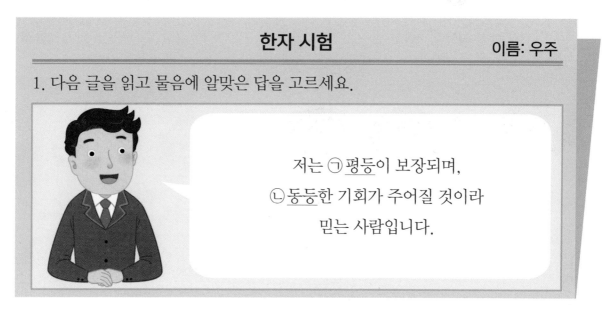

❶ ㉠과 ㉡에 공통으로 들어가는 한자의 뜻을 **보기** 에서 찾아 ○표 하세요.

보기

무리	나라	인간	지경

❷ 밑줄 친 ㉡을 한자어로 바꾸려고 할 때, 알맞은 한자가 적힌 퍼즐을 찾아 선으로 이으세요.

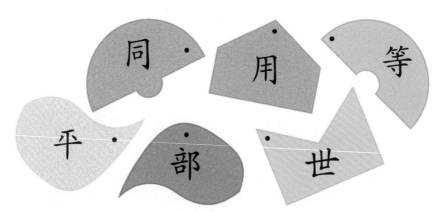

Tip

'等'은 **❶**[   ]을/를 뜻하고, **❷**[   ](이)라고 읽습니다.

답 **❶** 무리 **❷** 등

사회 한자

2 다음 신문 기사를 읽고, 물음에 답하세요.

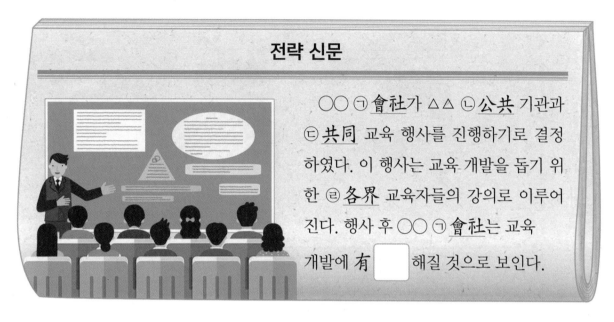

전략 신문

○○ ㉠會社가 △△ ㉡公共 기관과 ㉢共同 교육 행사를 진행하기로 결정하였다. 이 행사는 교육 개발을 돕기 위한 ㉣各界 교육자들의 강의로 이루어진다. 행사 후 ○○ ㉠會社는 교육 개발에 有 □ 해질 것으로 보인다.

❶ 밑줄 친 한자어의 음(소리)을 쓰세요.

- ㉠ 會社 ➡ (　　　　　)
- ㉡ 公共 ➡ (　　　　　)
- ㉢ 共同 ➡ (　　　　　)
- ㉣ 各界 ➡ (　　　　　)

❷ □ 안에 들어갈 한자를 보기 에서 찾아 그 번호를 쓰세요.

보기

① 代　　　② 分　　　③ 班　　　④ 利

➡ (　　　　　)

Tip
'公共'과 '共同'의 '共'은 '한가지'를 뜻하고, □□□(이)라고 읽습니다.

답 공

3 다음은 우주의 일기입니다. 그림을 보고, 물음에 답하세요.

202×년 8월 3일 금요일   날씨:

　　오늘은 쓰레기 줍기 봉사 활동을 했다. 봉사 활동에 ㉠反對했던 친구도 어느 새 열심히 하고 있었다. 우리가 버린 쓰레기로 자연이 아프다는 걸 알고 나서 나를 ㉡反省하게 되었다.
　　봉사 활동이 끝나고 나서 선생님께서 사탕을 ㉢각각 하나씩 나누어 주셨다. 달고 맛있었다.

❶ 밑줄 친 한자어의 음(소리)을 쓰세요.

• ㉠ 反對 ➡ (　　　　　　)
• ㉡ 反省 ➡ (　　　　　　)

❷ 밑줄 친 낱말과 관련이 있는 한자를 보기 에서 찾아 그 번호를 쓰세요.

> 보기
>
> ① 對　　　② 各　　　③ 反

• ㉢ 각각 ➡ (　　　　　　)

Tip

'省'은 ❶ [　　　] 또는 ❷ [　　　]을/를 뜻하고, '성' 또는 '생'이라고 읽습니다.

답 ❶ 살피다 ❷ 덜다

4 다음은 우주의 달력입니다. 그림을 보고, 물음에 답하세요.

8월

日	月	火	水	木	金	土
29	30	31	1	2	③ 봉사활동	4
5	6	⑦ 發表	⑧ 소풍	⑨ 韓藥 먹기	10	11
12	13	⑭ 반장 선거	15	16	17	18
19	20	21	22	㉓ 축구 대전	24	25
26	27	28	29	30	31	1

❶ 다음 ☐ 안에 들어갈 한자어의 음(소리)을 쓰세요.

- 엄마: 소풍 전날에 있을 ☐☐ 준비는 잘 되어가니?

- 우주: 네. 그럼요! 빨리 끝나고 소풍에 가고 싶어요!

- 엄마: 우주야, 소풍 다음 날 ☐☐ 을 먹는 것도 잊으면 안 된단다.

❷ 다음 보기 에서 우주의 8월 14일의 일정과 관련이 있는 한자어를 찾아 쓰세요.

보기

對戰　　班長

답 ☐☐

Tip
'發表'는 '어떤 사실이나 결과, 작품 등을 세상에 널리 드러내어 알림.'을 뜻하고, ☐☐(이)라고 읽습니다.

답 발표

적중 예상 전략 1회

[문제 01~02] 다음 밑줄 친 漢字語한자어의 讀音(독음: 읽는 소리)을 쓰세요.

> 보기
>
> 歌手 → 가수

　오늘 새로운 이론이 01**學界**에 보고되었습니다. 여러 학자들은 긴급 02**會同**을 가지며 앞으로도 사회에 도움이 되는 이론이 많이 나오기를 바랐습니다.

01 學界 → (　　　　　　　)

02 會同 → (　　　　　　　)

[문제 03~04] 다음 漢字한자의 訓(훈: 뜻)과 音(음: 소리)을 쓰세요.

> 보기
>
> 風 → 바람 풍

03 平 → (　　　　　　　)

04 世 → (　　　　　　　)

84　한자 전략

▶정답 10쪽

[문제 05~06] 다음 문장에 어울리는 漢字語^{한자어}가 되도록 ( ) 안에 알맞은 漢字^{한자}를 보기 에서 찾아 그 번호를 쓰세요.

보기

① 同　　　　② 社

05 그들은 우리 會( )에 꼭 필요한 사람들입니다.

➡ ( )

06 이 책은 共( )으로 사용하는 것입니다.

➡ ( )

[문제 07~08] 다음 중 뜻이 서로 반대(또는 상대)되는 漢字^{한자}끼리 연결되지 않은 것을 찾아 그 번호를 쓰세요.

07 ① 手 ↔ 足　　② 社 ↔ 會
　　③ 水 ↔ 火　　④ 天 ↔ 地

➡ ( )

08 ① 男 ↔ 女　　② 兄 ↔ 弟
　　③ 家 ↔ 室　　④ 問 ↔ 答

➡ ( )

[문제 09~10] **다음 밑줄 친 漢字語**한자어**를 漢字**한자**로 쓰세요.**

09 그는 경기에서 승리한 후 국민의 영웅이 되었습니다.

→ (   )

[문제 11~12] **다음 밑줄 친 漢字語**한자어**의 讀音**(독음: 읽는 소리)**을 쓰세요.**

11 우리는 투표를 통해서 저녁 메뉴를 公平하게 정했습니다.

→ (   )

12 社長님이 우리에게 추석 선물을 주셨습니다.

→ (   )

10 그녀는 구월에 중요한 약속이 있습니다.

→ (   )

[문제 13~14] 다음 뜻에 맞는 漢字語한자어를 보기 에서 찾아 그 번호를 쓰세요.

보기

① 有利　② 平等　③ 公共

13 이익이 있음. → (　　　　)

14 국가나 사회의 구성원에게 두루 관계되는 것.

→ (　　　　)

[문제 15~16] 다음 漢字한자의 진하게 표시된 획은 몇 번째 쓰는지 보기 에서 찾아 그 번호를 쓰세요.

보기

① 다섯 번째　② 여섯 번째
③ 일곱 번째　④ 여덟 번째

15 界 (　　　　)

16 等 (　　　　)

[문제 01~02] 다음 밑줄 친 漢字語한자어의 讀音(독음: 읽는 소리)을 쓰세요.

世界 ➡ 세계

　　오늘은 옆 반과 피구 01對戰이 있습니다. 우리는 02班長과 함께 승리를 위한 작전을 짰습니다. 모두 다치지 않고 무사히 마무리했으면 좋겠습니다.

01 對戰 ➡ (　　　　　　)

02 班長 ➡ (　　　　　　)

[문제 03~04] 다음 漢字한자의 訓(훈: 뜻)과 音(음: 소리)을 쓰세요.

等 ➡ 무리 등

03 用 ➡ (　　　　　　)

04 表 ➡ (　　　　　　)

[문제 05~06] 다음 문장에 어울리는 漢字語한자어가 되도록 (   ) 안에 알맞은 漢字한자를 보기 에서 찾아 그 번호를 쓰세요.

보기
① 對   ② 藥

05 새로운 규칙을 反(   )하는 사람이 많습니다.

➜ (   )

06 이 韓(   )은 아픈 허리에 효과가 있습니다.

➜ (   )

[문제 07~08] 다음 중 뜻이 서로 반대(또는 상대)되는 漢字한자끼리 연결되지 않은 것을 찾아 그 번호를 쓰세요.

07 ① 分 ↔ 班   ② 東 ↔ 西
   ③ 父 ↔ 母   ④ 內 ↔ 外

➜ (   )

08 ① 老 ↔ 少   ② 學 ↔ 教
   ③ 南 ↔ 北   ④ 同 ↔ 共

➜ (   )

[문제 09~10] 다음 밑줄 친 漢字語한자어를 漢字한자로 쓰세요.

09 이순신 장군은 <u>만인</u>에게 사랑받는 위인입니다.

→ (   )

[문제 11~12] 다음 밑줄 친 漢字語한자어의 讀音(독음: 읽는 소리)을 쓰세요.

11 나는 전국 과학 대회에 학교 **代表**로 나갔습니다.

→ (   )

12 우리는 이번 주제에 대해 **各界**의 의견을 모으고 있습니다.

→ (   )

10 우리 가족은 <u>실외</u>에서 운동을 합니다.

→ (   )

[문제 13~14] 다음 뜻에 맞는 漢字語한자어를 보기 에서 찾아 그 번호를 쓰세요.

> 보기
>
> ① 反省   ② 作戰   ③ 活用

13 충분히 잘 이용함.

→ (   )

14 잘못이나 부족함이 없는지 돌이켜 봄.

→ (   )

[문제 15~16] 다음 漢字한자의 진하게 표시된 획은 몇 번째 쓰는지 보기 에서 찾아 그 번호를 쓰세요.

> 보기
>
> ① 세 번째   ② 네 번째
> ③ 다섯 번째   ④ 여섯 번째

15

(   )

16

(   )

교과 학습 한자어 | 01

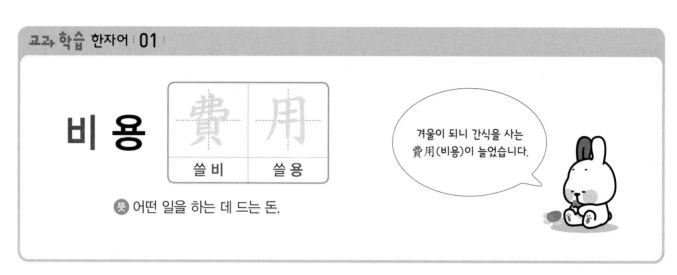

비 용

費	用
쓸 비	쓸 용

뜻 어떤 일을 하는 데 드는 돈.

겨울이 되니 간식을 사는 費用(비용)이 늘었습니다.

심화 한자 1 부수 貝 | 총 12획

費 쓸 비

'쓰다'나 '소비하다'를 뜻하는 한자예요. 여기서 '貝(조개 패)'는 '돈이나 물건'을 의미하고, '費(쓸 비)'는 '돈이나 물건(物件)을 쓰는 모습'을 뜻해요.

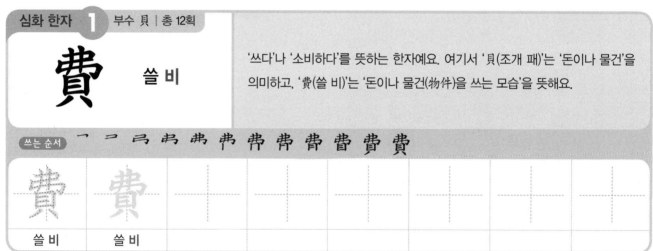

쓰는 순서 ﾌ ﾌ ﾌ 弗 弗 弗 弗 弗 费 費 費 費

費	費						
쓸 비	쓸 비						

1 다음 뜻에 해당하는 한자어를 찾아 ○표 하세요.

어떤 일을 하는 데 드는 돈.

費用   食用

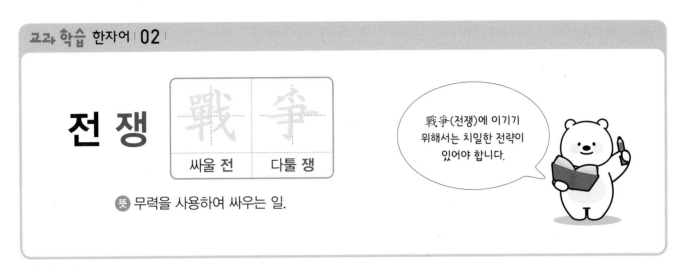

교과 학습 한자어 02

전 쟁

戰	爭
싸울 전	다툴 쟁

뜻 무력을 사용하여 싸우는 일.

戰爭(전쟁)에 이기기 위해서는 치밀한 전략이 있어야 합니다.

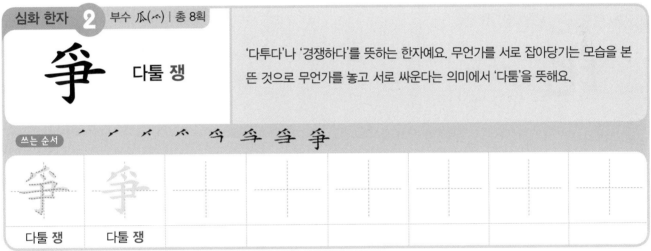

심화 한자 2 부수 瓜(爪) | 총 8획

爭 다툴 쟁

'다투다'나 '경쟁하다'를 뜻하는 한자예요. 무언가를 서로 잡아당기는 모습을 본 뜬 것으로 무언가를 놓고 서로 싸운다는 의미에서 '다툼'을 뜻해요.

쓰는 순서 ´ ` ´ ´ ´ ⺈ ⺈ 爭 爭

爭	爭						
다툴 쟁	다툴 쟁						

2 다음 설명 에 해당하는 한자어를 찾아 ○표 하세요.

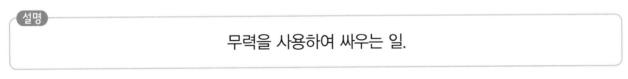

설명

무력을 사용하여 싸우는 일.

休戰

戰爭

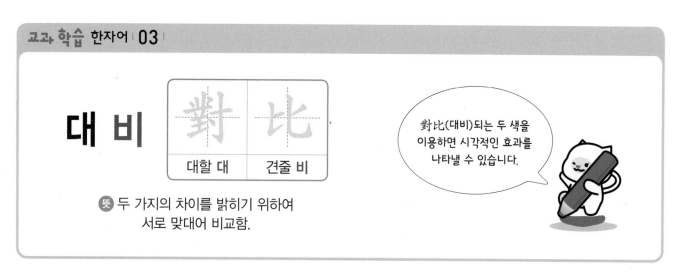

교과 학습 한자어 | 03

대비

對	比
대할 대	견줄 비

뜻 두 가지의 차이를 밝히기 위하여 서로 맞대어 비교함.

對比(대비)되는 두 색을 이용하면 시각적인 효과를 나타낼 수 있습니다.

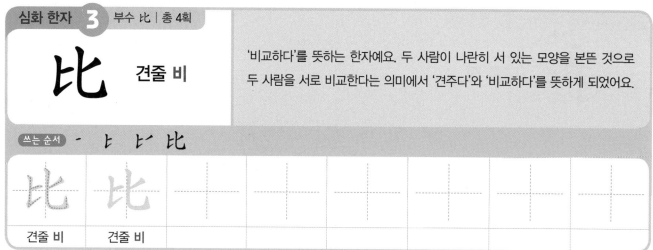

심화 한자 3 부수 比 | 총 4획

比 견줄 비

'비교하다'를 뜻하는 한자예요. 두 사람이 나란히 서 있는 모양을 본뜬 것으로 두 사람을 서로 비교한다는 의미에서 '견주다'와 '비교하다'를 뜻하게 되었어요.

쓰는 순서 ー 上 上 比

比	比					
견줄 비	견줄 비					

3 다음 한자어판에서 설명 에 해당하는 한자어를 찾아 ○표 하세요.

反	省	用
分	表	代
對	比	班

설명
두 가지의 차이를 밝히기 위하여 서로 맞대어 비교함.

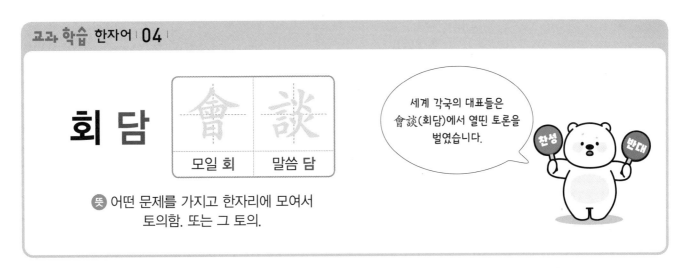

교과 **학습** 한자어 | 04 |

회 담

會 談
모일 회　말씀 담

뜻 어떤 문제를 가지고 한자리에 모여서 토의함. 또는 그 토의.

세계 각국의 대표들은 會談(회담)에서 열띤 토론을 벌였습니다.

찬성 반대

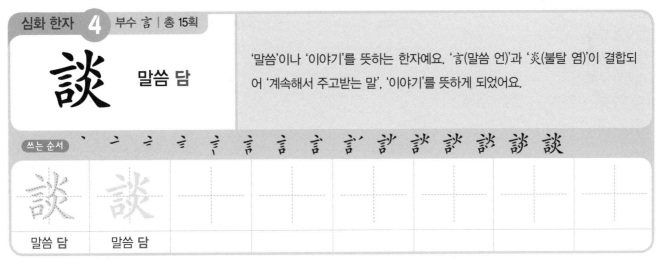

심화 한자 **4** 부수 言 | 총 15획

談 말씀 담

'말씀'이나 '이야기'를 뜻하는 한자예요. '言(말씀 언)'과 '炎(불탈 염)'이 결합되어 '계속해서 주고받는 말', '이야기'를 뜻하게 되었어요.

쓰는 순서　` ﾠ ｰ ｰ ﾠ ﾠ ﾠ ﾠ ﾠ 談 談 談 談 談 談

談　談
말씀 담　말씀 담

---

4 다음 뜻에 해당하는 한자어를 찾아 선으로 이으세요.

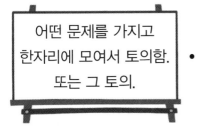

어떤 문제를 가지고
한자리에 모여서 토의함.
또는 그 토의.

談話

會談

전편을 모두 공부하느라
수고 많았어요!

쑥쑥 오른 한자 실력으로
어려운 문제도 척척 풀 수 있을 거예요.

이제는 후편을 공부하며
차근차근 한자 실력을 길러 볼까요?

어떤 한자가 우리를 기다리고 있을지
준비, 출발!

한자
전략

4단계 **B** 6급 II ②

후편

이 책의 **차례**

6급 Ⅱ 배정 한자 총 225자

ㄱ

家 집 가	歌 노래 가	各 각각 각	角 뿔 각	間 사이 간	江 강 강
車 수레 거|수레 차	計 셀 계	界 지경 계	高 높을 고	功 공 공	公 공평할 공
空 빌 공	工 장인 공	共 한가지 공	科 과목 과	果 실과 과	光 빛 광
敎 가르칠 교	校 학교 교	球 공 구	九 아홉 구	口 입 구	國 나라 국
軍 군사 군	今 이제 금	金 쇠 금|성 김	急 급할 급	旗 기 기	記 기록할 기
氣 기운 기	男 사내 남	南 남녘 남	內 안 내	女 여자 녀	年 해 년
農 농사 농	短 짧을 단	答 대답 답	堂 집 당	代 대신할 대	對 대할 대
大 큰 대	圖 그림 도	道 길 도	讀 읽을 독|구절 두	冬 겨울 동	洞 골 동|밝을 통
東 동녘 동	童 아이 동	動 움직일 동	同 한가지 동	等 무리 등	登 오를 등

ㄴ는 男·南·內·女·年 행
ㄷ는 短·答·堂·代·對 행

ㄹ

樂 즐길 락|노래 악|좋아할 요	來 올 래	力 힘 력	老 늙을 로	六 여섯 륙	理 다스릴 리

里	利	林	立	ㅁ 萬	每
마을 리	이할 리	수풀 림	설 립	일만 만	매양 매
面	命	明	名	母	木
낯 면	목숨 명	밝을 명	이름 명	어머니 모	나무 목
文	聞	門	問	物	民
글월 문	들을 문	문 문	물을 문	물건 물	백성 민
ㅂ 班	反	半	發	放	方
나눌 반	돌이킬/돌아올 반	반 반	필 발	놓을 방	모 방
百	白	部	夫	父	北
일백 백	흰 백	떼 부	지아비 부	아버지 부	북녘 북 l 달아날 배
分	不	ㅅ 四	社	事	算
나눌 분	아닐 불	넉 사	모일 사	일 사	셈 산
山	三	上	色	生	書
메 산	석 삼	윗 상	빛 색	날 생	글 서
西	夕	先	線	雪	省
서녘 서	저녁 석	먼저 선	줄 선	눈 설	살필 성 l 덜 생
姓	成	世	所	消	小
성 성	이룰 성	인간 세	바 소	사라질 소	작을 소
少	手	數	水	術	時
적을 소	손 수	셈 수	물 수	재주 술	때 시

始	市	食	植	神	身
비로소 시	저자 시	밥/먹을 식	심을 식	귀신 신	몸 신
信	新	室	心	十	安
믿을 신	새 신	집 실	마음 심	열 십	편안 안
藥	弱	語	業	然	午
약 약	약할 약	말씀 어	업 업	그럴 연	낮 오
五	王	外	勇	用	右
다섯 오	임금 왕	바깥 외	날랠 용	쓸 용	오를/오른(쪽) 우
運	月	有	育	飮	音
옮길 운	달 월	있을 유	기를 육	마실 음	소리 음
邑	意	二	人	一	日
고을 읍	뜻 의	두 이	사람 인	한 일	날 일
入	字	自	子	昨	作
들 입	글자 자	스스로 자	아들 자	어제 작	지을 작
長	場	才	電	戰	前
긴 장	마당 장	재주 재	번개 전	싸움 전	앞 전
全	庭	正	弟	題	第
온전 전	뜰 정	바를 정	아우 제	제목 제	차례 제
祖	足	左	注	主	住
할아버지 조	발 족	왼 좌	부을 주	임금/주인 주	살 주

中	重	地	紙	直	集
가운데 중	무거울 중	땅 지	종이 지	곧을 직	모을 집
ㅊ 窓	川	千	天	淸	靑
창 창	내 천	일천 천	하늘 천	맑을 청	푸를 청
體	草	寸	村	秋	春
몸 체	풀 초	마디 촌	마을 촌	가을 추	봄 춘
出	七	ㅌ 土	ㅍ 八	便	平
날 출	일곱 칠	흙 토	여덟 팔	편할 편|똥오줌 변	평평할 평
表	風	ㅎ 下	夏	學	韓
겉 표	바람 풍	아래 하	여름 하	배울 학	한국/나라 한
漢	海	幸	現	形	兄
한수/한나라 한	바다 해	다행 행	나타날 현	모양 형	형 형
花	話	火	和	活	會
꽃 화	말씀 화	불 화	화할 화	살 활	모일 회
孝	後	休			
효도 효	뒤 후	쉴 휴			

과학/수학 한자

❶ 科 과목 **과**　　❷ 光 빛 **광**　　❸ 線 줄 **선**　　❹ 地 땅 **지**　　❺ 球 공 **구**

❻ 色 빛 **색**　　❼ 數 셈 **수**　　❽ 字 글자 **자**　　❾ 計 셀 **계**　　❿ 算 셈 **산**

⓫ 角 뿔 **각**　　⓬ 形 모양 **형**

점선 위로 겹쳐서 한자를 써 보세요.

연한 글씨 위로 겹쳐서 한자를 따라 써 보세요.

한자 1 부수 禾 | 총 9획

科 과목 과

바가지에 곡식을 담아 등급대로 놓아둔 모습을 표현한 한자로 ⬚ (이)나 등급을 뜻해요.

답 과목

쓰는 순서 ′ ′ 千 千 禾 禾 禾 科 科

科 科

과목 과　과목 과

한자 2 부수 儿 | 총 6획

光 빛 광

사람 주위가 매우 밝게 빛나고 있는 모습에서 ⬚ 을/를 뜻하게 되었어요.

답 빛

쓰는 순서 ′ ′ ′ ′ ′ ′ 光

光 光

빛 광　빛 광

뜻이 비슷한 한자 色(빛 색)

한자 3 부수 糸 | 총 15획

線 줄 선

물이 흘러내려 가는 것처럼 길게 이어진 끈을 나타낸 한자로 ⬚ 을/를 뜻해요.

답 줄

쓰는 순서 ′ ′ ′ ′ ′ ′ ′ ′ ′ ′ 糾 紳 線 線 線

線 線

줄 선　줄 선

1 사다리를 타고 내려가 한자와 한자의 음(소리)이 바르게 이어진 것을 찾아 ○표 하세요.

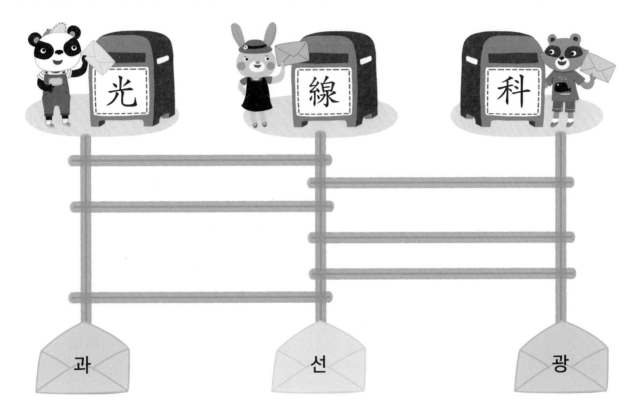

2 다음 그림에서 뜻이 '과목'인 한자를 찾아 ○표 하세요.

점선 위로 겹쳐서 한자를 써 보세요.

연한 글씨 위로 겹쳐서 한자를 따라 써 보세요.

한자 **4** 부수 土 | 총 6획

地 땅 지

꾸불꾸불하게 이어진 땅의 모양을 나타낸 한자로 [   ]을/를 뜻해요.

답 **땅**

쓰는 순서 一 十 土 圠 地 地

地	地							
땅 지	땅 지							

뜻이 반대인 한자 天(하늘 천)

한자 **5** 부수 玉(王) | 총 11획

球 공 구

둥글게 깎아 놓은 아름다운 옥을 나타낸 한자로 [   ]을/를 뜻해요.

답 **공**

쓰는 순서 一 二 干 干 王 玎 玎 玎 球 球 球

球	球						
공 구	공 구						

한자 **6** 부수 色 | 총 6획

色 빛 색

반짝이는 빛깔을 의미하는 한자로 '색깔' 또는 [   ]을/를 뜻해요.

답 **빛**

쓰는 순서 ノ ク 夕 夕 各 色

色	色						
빛 색	빛 색						

모양이 비슷한 한자 邑(고을 읍) 뜻이 비슷한 한자 光(빛 광)

3 다음 한자의 뜻과 음(소리)으로 알맞은 것을 찾아 선으로 이으세요.

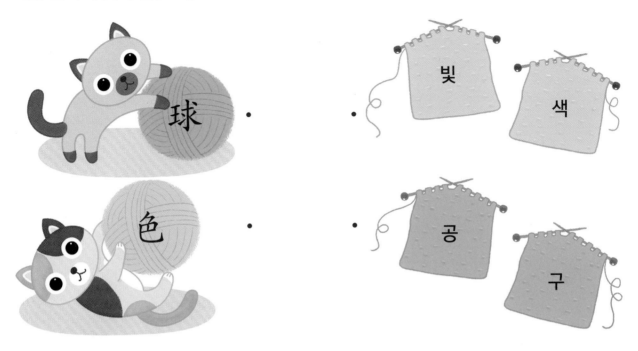

4 다음 퀴즈의 답을 바르게 말한 친구를 찾아 ○표 하세요.

1 다음 한자의 뜻과 음(소리)으로 알맞은 것을 찾아 선으로 이으세요.

科 ·   · 과목 ·   · 지

地 ·   · 땅 ·   · 과

2 다음 한자의 뜻과 음(소리)을 쓰세요.

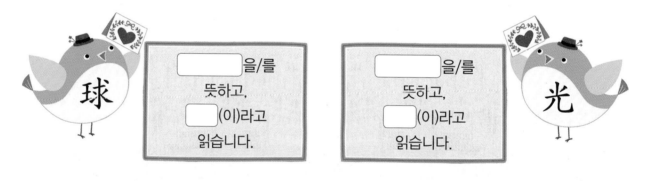

球

[ ]을/를 뜻하고, [ ](이)라고 읽습니다.

[ ]을/를 뜻하고, [ ](이)라고 읽습니다.

光

3 다음 뜻에 해당하는 한자를 찾아 ∨표 하세요.

빛

줄

☐ 球   ☐ 色   ☐ 線   ☐ 光

4 다음 밑줄 친 한자의 음(소리)으로 알맞은 것을 찾아 ◯표 하세요.

에스컬레이터를 탈 때는
노란 안전<u>線</u> 안에 서야 합니다.

선

색

5 다음 밑줄 친 낱말에 해당하는 한자를 쓰세요.

내가 제일 좋아하는 <u>과목</u>은 과학입니다.

답
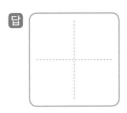

6 다음 음(소리)에 해당하는 한자를 보기 에서 찾아 그 번호를 쓰세요.

보기
① 地   ② 科   ③ 光   ④ 球

점선 위로 겹쳐서 한자를 써 보세요.

연한 글씨 위로 겹쳐서 한자를 따라 써 보세요.

한자 ① 부수 攵(攴) | 총 15획

數 셈 수

막대기로 짐의 개수를 헤아리는 모습에서 [ ] 또는 '숫자'라는 뜻이 생겼어요.

답 셈하다

쓰는 순서 ノ 口 旦 旦 由 咢 咢 婁 婁 婁 婁 數 數 數 數

數	數					
셈 수	셈 수					

뜻이 비슷한 한자 計(셀 계), 算(셈 산)

한자 ② 부수 子 | 총 6획

字 글자 자

집에서 아이를 기르는 모습을 나타낸 한자로 후에 뜻이 변하여 [ ]을/를 뜻하게 되었어요.

답 글자

쓰는 순서 ` ` 宀 宀 字 字

字	字					
글자 자	글자 자					

모양이 비슷한 한자 子(아들 자) 뜻이 비슷한 한자 文(글월 문)

한자 ③ 부수 言 | 총 9획

計 셀 계

숫자를 소리 내어서 세고 있는 모습을 나타낸 한자로 [ ] 또는 '계획하다'를 뜻해요.

답 세다

쓰는 순서 ` 二 亖 亖 亖 言 言 計

計	計					
셀 계	셀 계					

뜻이 비슷한 한자 算(셈 산), 數(셈 수)

1 다음 한자의 뜻과 음(소리)으로 알맞은 것을 찾아 선으로 이으세요.

2 다음 그림에서 뜻이 '글자'이고, 음(소리)이 '자'인 한자를 찾아 선으로 이으세요.

점선 위로 겹쳐서 한자를 써 보세요.

연한 글씨 위로 겹쳐서 한자를 따라 써 보세요.

한자 4 부수 竹(⺮) | 총 14획

算 셈 산

나뭇가지로 계산하는 모습을 표현한 한자로 ☐ 또는 '계산하다'를 뜻해요.

답 셈하다

쓰는 순서 ノ ⺈ ⺈ ⺼ ⺮ ⺮ ⺮ 竹 竺 筲 筲 笪 笪 算 算

算 셈 산　算 셈 산

뜻이 비슷한 한자 計(셀 계), 數(셈 수)

한자 5 부수 角 | 총 7획

角 뿔 각

짐승의 뿔을 그린 한자로 ☐을/를 뜻해요.

답 뿔

쓰는 순서 ノ ⺈ ⺈ 角 角 角 角

角 뿔 각　角 뿔 각

한자 6 부수 彡 | 총 7획

形 모양 형

겉으로 드러나는 생김새나 모습을 가리키는 한자로 ☐을/를 뜻해요.

답 모양

쓰는 순서 一 二 于 开 开 形 形

形 모양 형　形 모양 형

3 다음 그림에서 한자 '角'을 나타내는 부분을 <u>모두</u> 찾아 ○표 하세요.

4 다음 뜻과 음(소리)에 알맞은 한자를 찾아 선으로 이으세요.

1 다음 한자 카드에 들어갈 뜻과 음(소리)으로 알맞은 것을 찾아 ∨표 하세요.

☐ 셈 수 ☐ 셈 산

2 다음 밑줄 친 낱말에 해당하는 한자를 보기 에서 찾아 그 번호를 쓰세요.

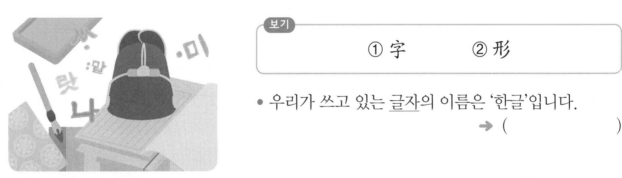

보기
① 字 ② 形

• 우리가 쓰고 있는 <u>글자</u>의 이름은 '한글'입니다.
➡ (   )

3 다음 음(소리)에 해당하는 한자를 찾아 ∨표 하세요.

산

☐ 計 ☐ 角 ☐ 算

4 다음 밑줄 친 낱말에 해당하는 한자를 쓰세요.

코뿔소는 화가 나면 뿔을 치켜세워
적에게 돌진합니다.

답
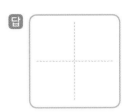

5 다음 문장의 내용이 맞으면 '예', 틀리면 '아니요'에 ◯표 하세요.

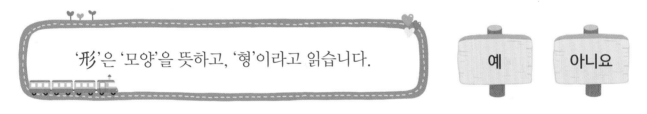

'形'은 '모양'을 뜻하고, '형'이라고 읽습니다.

예 아니요

6 다음 밑줄 친 한자의 음(소리)으로 알맞은 것을 찾아 ◯표 하세요.

커다란 시<u>計</u> 앞에서 친구와 만나기로
약속했습니다.

각 계

대표 한자어 | 01 |

지 구

地	球
땅 지	공 구

뜻 우리가 살고 있는 행성.

전 구

電	球
번개 전	공 구

뜻 전기를 흘려 빛을 만드는 기구.

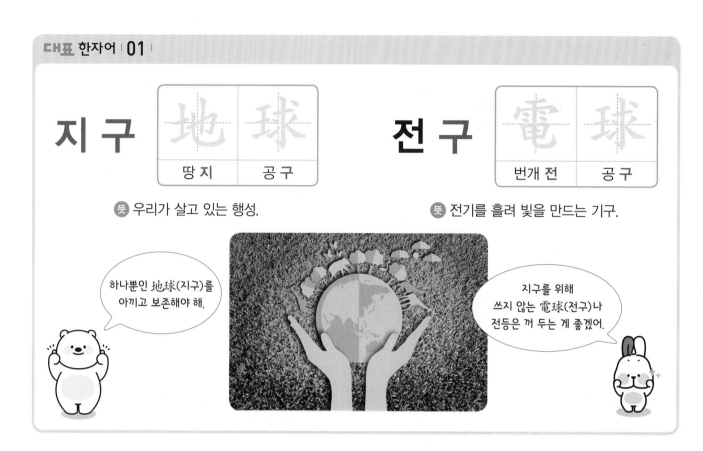

하나뿐인 地球(지구)를 아끼고 보존해야 해.

지구를 위해 쓰지 않는 電球(전구)나 전등은 꺼 두는 게 좋겠어.

대표 한자어 | 02 |

전 선

電	線
번개 전	줄 선

뜻 전기가 흐르는 줄.

참새가 電線(전선) 위에 앉아 있네!

대표 한자어 | 03 |

색 지

色	紙
빛 색	종이 지

뜻 여러 가지 색깔로 물들인 종이.

알록달록 色紙 (색지)로 예쁜 꽃을 접으니 봄이 온 것 같아.

대표 한자어 04

광선

光	線
빛 광	줄 선

뜻 빛의 줄기.

발광

發	光
필 발	빛 광

뜻 빛을 냄.

앗! 저 光線(광선)은 무엇이지?

반딧불이가 發光(발광)하는 빛이 그렇게 보였나봐!

대표 한자어 05

과 학

科	學
과목 과	배울 학

뜻 관찰과 실험과 같은 방법으로 얻어 낸 자연계에 관한 체계적 지식.

천체 망원경으로 科學(과학)자처럼 별자리를 관측할 수 있어.

대표 한자어 | 06 |

수 학 | 數 | 學 |
| 셈 수 | 배울 학 |

뜻 숫자에 관한 학문.

분 수 | 分 | 數 |
| 나눌 분 | 셈 수 |

뜻 전체에 대한 부분을 나타내는 수.

나는 數學(수학)에 자신 있어!

나는 分數(분수)가 어렵던데, 우리 같이 공부해 볼까?

대표 한자어 | 07 |

시 계 | 時 | 計 |
| 때 시 | 셀 계 |

뜻 시간을 재거나 가리키는 기계.

계 산 | 計 | 算 |
| 셀 계 | 셈 산 |

뜻 수를 헤아림. 또는 어떤 일을 예상하거나 고려함.

앗! 時計(시계)를 보니 곧 나가야 하는 시간이 된 것 같아.

정확히 약속 시간까지 얼마나 남았는지 計算(계산)해 보고 출발하자.

항상 널 응원해!

대표 한자어 | 08 |

십 자

十	字
열 십	글자 자

뜻 '十'자와 같은 모양.

十字(십자) 모양의 창살 밖으로 예쁜 밤하늘이 보여.

대표 한자어 | 09 |

직 각

直	角
곧을 직	뿔 각

뜻 두 직선이 만나서 이루는 90도의 각.

책의 모서리도 直角(직각)을 이루고 있어.

대표 한자어 | 10 |

도 형

圖	形
그림 도	모양 형

뜻 그림의 모양이나 형태.

圖形(도형)은 점, 선, 면으로 이루어진 삼각형, 사각형, 원 등을 말해.

1 다음 문장의 내용이 맞으면 '예', 틀리면 '아니요'에 ○표 하세요.

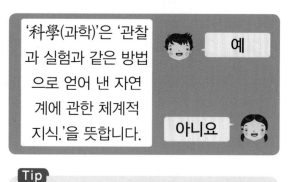

'科學(과학)'은 '관찰과 실험과 같은 방법으로 얻어 낸 자연계에 관한 체계적 지식.'을 뜻합니다.

예

아니요

Tip

'科'는 (과목, 글자)을/를 뜻하고, '과'라고 읽습니다.

답 과목

2 다음 뜻에 해당하는 낱말을 찾아 선으로 이으세요.

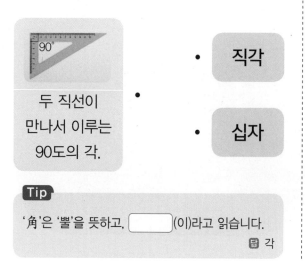

두 직선이 만나서 이루는 90도의 각.

• 직각

• 십자

Tip

'角'은 '뿔'을 뜻하고, ◻◻◻(이)라고 읽습니다.

답 각

3 다음 뜻에 해당하는 낱말을 찾아 선으로 이으세요.

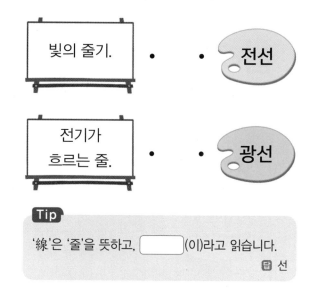

빛의 줄기. •

• 전선

전기가 흐르는 줄. •

• 광선

Tip

'線'은 '줄'을 뜻하고, ◻◻◻(이)라고 읽습니다.

답 선

4 한자 '地(땅 지)'가 들어 있는 낱말을 찾아 ○표 하세요.

색지   지구

Tip

'球'는 ◻◻◻을/를 뜻하고, '구'라고 읽습니다.

답 공

5 다음 힌트를 보고 빈칸에 알맞은 글자를 써넣으세요.

힌트

- 발 ☐ : 빛을 냄.

- ☐ 선: 빛의 줄기.

Tip

'光'은 '빛'을 뜻하고, ☐ (이)라고 읽습니다.

답 광

6 다음 한자어의 뜻을 바르게 설명한 것을 찾아 ○표 하세요.

圖形

'十'자와 같은 모양.

그림의 모양이나 형태.

Tip

'形'은 ☐ 을/를 뜻하고 '형'이라고 읽습니다.

답 모양

7 다음 낱말 퍼즐을 푸세요.

가로 열쇠

❷ 수를 헤아림. 또는 어떤 일을 예상하거나 고려함.
❸ 전체에 대한 부분을 나타내는 수.
❻ 우리가 살고 있는 행성.

세로 열쇠

❶ 시간을 재거나 가리키는 기계.
❹ 숫자에 관한 학문.
❺ 전기를 흘려 빛을 만드는 기구.

Tip

'수를 헤아림. 또는 어떤 일을 예상하거나 고려함.'을 뜻하는 한자어는 (計算, 十字)입니다.

답 計算

전략 **1** 한자어의 음(소리) 쓰기

다음 밑줄 친 漢字語한자어**의 讀音**(독음: 읽는 소리)**을 쓰세요.**

> 보기
>
> 代表 ➡ 대표

• <u>地球</u>에는 다양한 생물들이 살고 있습니다. ➡ (   )

답 | 지구

필수 예제 | **01** |

다음 밑줄 친 漢字語한자어**의 讀音**(독음: 읽는 소리)**을 쓰세요.**

> 보기
>
> 反對 ➡ 반대

(1) 가족들과 함께 크리스마스트리를 <u>電球</u>로 장식했습니다. ➡ (   )

(2) <u>科學</u> 실험을 할 때에는 안전 장구를 착용해야 합니다. ➡ (   )

> 먼저 문항의 내용을
> 파악하고, 한자어를
> 읽어 보도록 합니다.

(3) <u>電線</u>이 전봇대 사이에 걸쳐 있습니다. ➡ (   )

전략 2 한자의 뜻과 음(소리) 쓰기

다음 漢字한자의 訓(훈: 뜻)과 音(음: 소리)을 쓰세요.

> **보기**
>
> 用 ➡ 쓸 용

• 角 ➡ (   )

답 뿔 각

필수 예제 02

다음 漢字한자의 訓(훈: 뜻)과 音(음: 소리)을 쓰세요.

> **보기**
>
> 分 ➡ 나눌 분

(1) 計 ➡ (   )

(2) 球 ➡ (   )

한자는 글자마다 뜻과
음(소리)을 가지고 있어서,
한자의 뜻과 음(소리)을
모두 잘 기억해야 합니다.

(3) 光 ➡ (   )

전략 3　한자어를 구성하는 한자 찾기

다음 문장에 어울리는 漢字語한자어가 되도록 (　　) 안에 알맞은 漢字한자를 보기 에서 찾아 그 번호를 쓰세요.

보기

① 字　　　② 學　　　③ 算　　　④ 數

• 물건값을 計(　　　)한 후에 거스름돈을 받았습니다. ➡ (　　　　　)

답 ③

필수 예제 03

다음 문장에 어울리는 漢字語한자어가 되도록 (　　) 안에 알맞은 漢字한자를 보기 에서 찾아 그 번호를 쓰세요.

보기

① 計　　　② 形　　　③ 字　　　④ 數

(1) 삼각형, 사각형 등 여러 가지 圖(　　　)을 배웠습니다.
　　　　　　　　　　➡ (　　　　　)

(2) 매일 덧셈, 뺄셈을 연습하며 (　　　)學 공부를 합니다.
　　　　　　　　　　➡ (　　　　　)

먼저 글 속에 쓰인 말의 뜻을 알아내고, 그 뜻에 해당하는 한자를 찾아내도록 합시다.

(3) 열두 시를 알리는 時(　　　) 종소리가 들립니다.
　　　　　　　　　　➡ (　　　　　)

전략 4 제시된 뜻에 맞는 한자어 찾기

다음 뜻에 맞는 漢字語한자어를 보기 에서 찾아 그 번호를 쓰세요.

보기

① 直角   ② 科學   ③ 十字   ④ 計算

• 관찰과 실험과 같은 방법으로 얻어 낸 자연계에 관한 체계적 지식. ➡ (   )

답 ②

필수 예제 04

다음 뜻에 맞는 漢字語한자어를 보기 에서 찾아 그 번호를 쓰세요.

보기

① 十字   ② 圖形   ③ 數學   ④ 電線

(1) 전기가 흐르는 줄. ➡ (   )

(2) 그림의 모양이나 형태. ➡ (   )

한자어의 뜻이
생각나지 않을 때는
한자의 뜻을 조합하여
문제를 풀어 봅시다.

(3) '十'자와 같은 모양. ➡ (   )

[한자어의 음(소리) 쓰기]

1 다음 밑줄 친 漢字語한자어의 讀音(독음: 읽는 소리)을 쓰세요.

반딧불이는 스스로 빛을 내는 <u>發光</u>생물입니다.

➡ (   )

Tip
'發光'은 '빛을 냄.'을 뜻하는 한자어입니다.

[한자어의 음(소리) 쓰기]

2 다음 밑줄 친 漢字語한자어의 讀音(독음: 읽는 소리)을 쓰세요.

<u>色紙</u>로 종이접기를 했습니다.

➡ (   )

Tip
'色紙'는 '여러 가지 색깔로 물들인 종이.'를 뜻하는 한자어입니다.

[한자의 뜻과 음(소리) 쓰기]

3 다음 漢字한자의 訓(훈: 뜻)과 音(음: 소리)을 쓰세요.

> 보기
>
> 代 ➡ 대신할 대

• 線 ➡ (   )

Tip
'線'은 '줄'을 뜻합니다.

[한자의 뜻과 음(소리) 쓰기]

4 다음 漢字한자의 訓(훈: 뜻)과 音(음: 소리)을 쓰세요.

> 보기
>
> 表 ➡ 겉 표

• 科 ➡ (   )

Tip
'科'는 '과'라고 읽습니다.

[한자어를 구성하는 한자 찾기]

5 다음 문장에 어울리는 漢字語한자어가 되도록 (   ) 안에 알맞은 漢字한자를 보기 에서 찾아 그 번호를 쓰세요.

Tip
'전구'는 '전기를 흘려 빛을 만드는 기구.'를 뜻하는 말입니다.

보기
① 色　　　② 地　　　③ 球　　　④ 數

• 電(   )가 거리를 환하게 비추고 있습니다.

➡ (   )

[한자어를 구성하는 한자 찾기]

6 다음 문장에 어울리는 漢字語한자어가 되도록 (   ) 안에 알맞은 漢字한자를 보기 에서 찾아 그 번호를 쓰세요.

Tip
'직각'은 '두 직선이 만나서 이루는 90도의 각.'을 뜻하는 말입니다.

보기
① 角　　　② 字　　　③ 數　　　④ 線

• 直(   )은 90°를 나타냅니다.

➡ (   )

[제시된 뜻에 맞는 한자어 찾기]

7 다음 뜻에 맞는 漢字語한자어를 보기 에서 찾아 그 번호를 쓰세요.

Tip
'計'는 '세다'를 뜻하고, '계'라고 읽습니다.

보기
① 電球　　② 計算　　③ 科學　　④ 地球

• 수를 헤아림. 또는 어떤 일을 예상하거나 고려함.

➡ (   )

01 다음 ☐ 안에 들어갈 알맞은 한자에 ○표 하세요.

해時 ☐ 는 그림자를 관찰하여 시간을 재는 기구입니다.
(代 / 計)

02 다음 한자의 뜻과 음(소리)을 쓰세요.

> 보기
> 各 → 각각 각

(1) 形 → ( )

(2) 地 → ( )

03 다음 밑줄 친 한자어의 음(소리)을 쓰세요.

> 엉켜 있는 電線을 정리했습니다.

→ ( )

04 다음 ☐ 안에 들어갈 알맞은 한자를 보기 에서 찾아 그 번호를 쓰세요.

> 보기
> ① 算   ② 數   ③ 字

• 분 ☐ : 전체에 대한 부분을 나타내는 수.

→ ( )

05 다음 뜻과 음(소리)에 해당하는 한자를 보기 에서 찾아 그 번호를 쓰세요.

> 보기
> ① 科   ② 光   ③ 角

• 과목 과 → ( )

▶정답 14쪽

06 다음 (설명)에 해당하는 한자어를 빈 칸을 채워 완성하세요.

(설명)

빛을 냄.

답

07 다음 한자의 뜻을 (보기)에서 찾아 그 번호를 쓰세요.

(보기)

① 줄 　② 빛 　③ 공

• 球 → (　　　　　　)

08 다음 뜻에 해당하는 한자어를 (보기)에서 찾아 그 번호를 쓰세요.

(보기)

① 數學 ② 計算 ③ 分數

• 숫자에 관한 학문.

→ (　　　　　　)

09 다음 밑줄 친 낱말에 해당하는 한자어를 (보기)에서 찾아 그 번호를 쓰세요.

(보기)

① 電線 ② 電球 ③ 地球

• 지구는 태양 주위를 돕니다.

→ (　　　　　　)

10 다음 문장에 어울리는 한자어가 되도록 (　　) 안에 알맞은 한자를 (보기)에서 찾아 그 번호를 쓰세요.

(보기)

① 形 　② 角 　③ 算

• 그 벽에는 다양한 圖(　　)이 그려져 있습니다.

→ (　　　　　　)

창의 융합

1 위 대화를 읽고, 우리가 살고 있는 행성을 나타내는 한자어의 음(소리)을 쓰세요.

• 한자어의 음(소리) ➡ (   )

2 위 대화를 읽고, 드림이가 좋아하는 과목명의 음(소리)을 쓰세요.

● 한자어의 음(소리) ➡ (   )

1 보기를 참고하여 명령어 대로 이동했을 때 만나는 한자의 뜻을 쓰세요.

보기

🐑 = 光   🐶 = 數   🐵 = 字   🐸 = 色

명령어

▶
왼쪽 ←
아래쪽 ↓

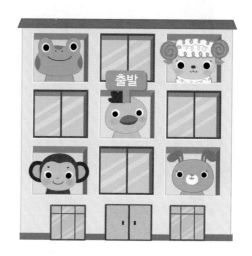

출발

● 한자의 뜻 ➡ (   )

창의 융합

2 다음 그림을 보고, 보기에서 동물의 공통점을 나타내는 한자를 찾아 ○표 하세요.

보기

球   線   角   科

▶정답 14쪽

코딩

3 아기 오리와 엄마 오리가 각각 '출발' 지점에서 명령어1, 2 대로 한 칸씩 이동하여 만들어지는 한자어의 음(소리)을 쓰세요.

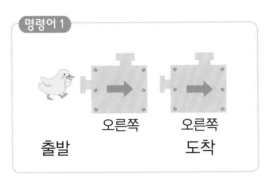

● 한자어의 음(소리) ➡ (   )

창의 융합

4 다음 글을 읽고, 밑줄 친 한자어의 음(소리)을 쓰세요.

> 電球는 전류를 통하여 빛을 내는 기구를 말합니다. 에디슨이 電球를 발명하기 전에는 촛불이나 호롱불을 사용하였습니다.

● 한자어의 음(소리) ➡ (   )

5 다음 그림에서 관련이 있는 한자어로 알맞게 짝지어지지 <u>않은</u> 것을 찾아 그 번호를 쓰세요.　　　　　　　　　　　　　　　　　　　　　➡ (　　　　　　　　)

①　地球　　　②　圖形　　　③　光線　　　④　時計

6 다음 글을 읽고, 밑줄 친 한자어의 음(소리)을 쓰세요.

> <u>時計</u>는 시간을 재거나 가리키는 기계를 말합니다. <u>時計</u>가 발달하지 않았던 옛날 사람들은 해가 지나감에 따라 길이가 달라지는 그림자를 관찰하여 시간의 흐름을 짐작하기도 했습니다.

• 한자어의 음(소리) ➡ (　　　　　　　　)

코딩

7 다음과 같이 블럭을 규칙에 따라 쌓을 때, 마지막 그림의 맨 위에 쌓이는 한자의 뜻을 쓰세요.

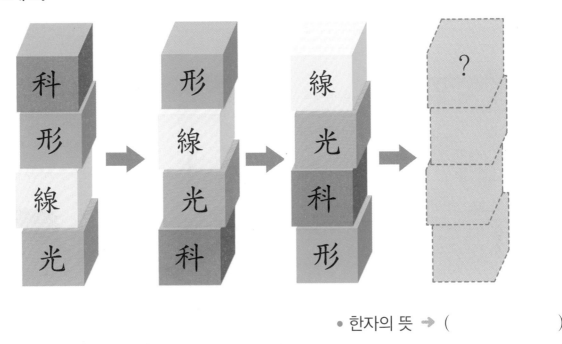

• 한자의 뜻 ➜ (   )

창의 융합

8 다음 조건 을 모두 만족하는 것을 그림에서 찾아 ○표 하세요.

조건

光線   電線   發光

시간 / 결과 한자

🔍 학습할 한자

❶ 昨 어제 **작**　❷ 今 이제 **금**　❸ 現 나타날 **현**　❹ 消 사라질 **소**　❺ 始 비로소 **시**

❻ 來 올 **래**　❼ 果 실과 **과**　❽ 成 이룰 **성**　❾ 功 공 **공**　❿ 和 화할 **화**

⓫ 業 업 **업**　⓬ 第 차례 **제**

너희 내 생일을 알고 있었구나!
너무 고마워.

친구들, 이리 와.
이제[今] 내가 너희를
안아 줄 차례[第]야!

마음은 고맙지만
거절할게!

깜짝 파티 결과[果]가 원하는 대로
이루어져서[成] 기분이 좋다!
이 기분 그대로 시간, 결과에 관한
한자를 공부해 보자!

今　消
第　果
現
昨　成

싫어, 싫어!
내 생일 파티 더 할래!

그래, 조금 더
축하해 주자.

점선 위로 겹쳐서 한자를 써 보세요.

연한 글씨 위로 겹쳐서 한자를 따라 써 보세요.

한자 1 부수 日 | 총 9획

昨 어제 작

하늘의 해와 바느질을 하는 모습을 나타낸 한자로 '잠깐 전에 지나간 날' 즉, [ ]을/를 뜻해요.

답 어제

쓰는 순서 丨 冂 冂 日 旷 旷 昨 昨 昨

昨	昨					
어제 작	어제 작					

모양이 비슷한 한자 作(지을 작)

한자 2 부수 人 | 총 4획

今 이제 금

바로 이때를 의미하는 한자로 [ ] 또는 '오늘'을 뜻해요.

답 이제(지금)

쓰는 순서 丿 人 스 今

今	今					
이제 금	이제 금					

모양이 비슷한 한자 分(나눌 분)

한자 3 부수 玉(王) | 총 11획

現 나타날 현

사람이 옥의 광채를 바라보는 모습으로, 사물의 모습이 드러난다는 데서 [ ]을/를 뜻해요.

답 나타나다

쓰는 순서 一 二 干 王 王 玑 珇 珇 珇 現 現

現	現					
나타날 현	나타날 현					

뜻이 반대인 한자 消(사라질 소)

1 다음 그림의 기차에서 한자 '어제 작'을 찾아 ○표 하세요.

2 다음 한자의 뜻과 음(소리)으로 알맞은 풍선을 찾아 선으로 이으세요.

점선 위로 겹쳐서 한자를 써 보세요.

연한 글씨 위로 겹쳐서 한자를 따라 써 보세요.

한자 **4**	부수 水(氵) | 총 10획

消 사라질 소

물이 작게 부서져 수증기로 변하여 없어진다는 데서 ☐☐☐을/를 뜻해요.

답 사라지다

쓰는 순서 丶 丶 氵 汁 汁 浐 浐 消 消 消

消	消							
사라질 소	사라질 소							

뜻이 반대인 한자 現(나타날 현)

한자 **5**	부수 女 | 총 8획

始 비로소 시

아이는 엄마가 주는 양분을 통해 삶을 시작하게 된다는 데서 ☐☐☐(이)라는 뜻이 생겼어요.

답 비로소

쓰는 순서 乀 女 女 女 妙 始 始 始

始	始							
비로소 시	비로소 시							

한자 **6**	부수 人 | 총 8획

來 올 래

보리의 이삭 모양을 본뜬 한자로 후에 의미가 변하여 ☐☐☐(이)라는 뜻을 나타내게 되었어요.

답 오다

쓰는 순서 一 厂 厅 朿 쩌 來 來 來

來	來					
올 래	올 래					

46 한자 전략

3 다음 그림에서 한자 '비로소 시'가 적힌 사탕을 찾아 ∨표 하세요.

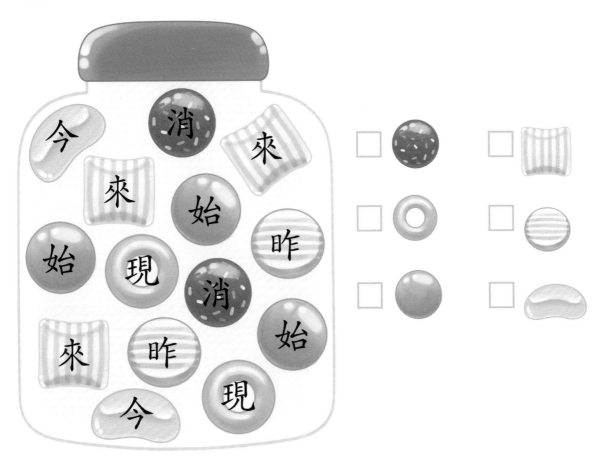

4 다음 한자의 뜻과 음(소리)으로 알맞은 것을 찾아 선으로 이으세요.

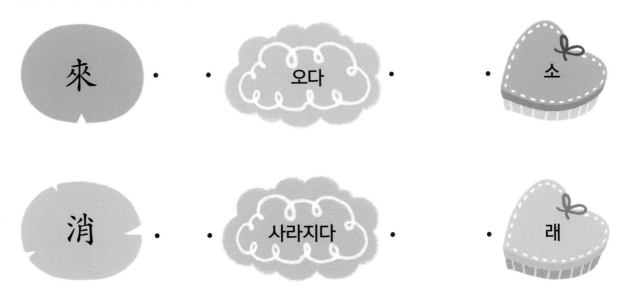

來 · · 오다 · · 소

消 · · 사라지다 · · 래

1 다음 한자의 뜻과 음(소리)으로 알맞은 것을 찾아 선으로 이으세요.

現 ·

來 ·

· 나타나다 ·

· 오다 ·

· 래

· 현

2 다음 문장의 내용이 맞으면 '예', 틀리면 '아니요'에 ○표 하세요.

'今'의 뜻과
음(소리)은
'이제 금'입니다.

예

아니요

'昨'의 뜻과
음(소리)은
'나타날 현'입니다.

예

아니요

3 다음 뜻에 해당하는 한자를 찾아 ∨표 하세요.

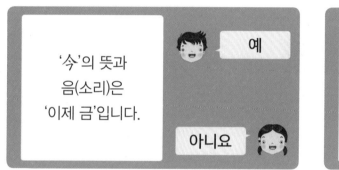

비로소

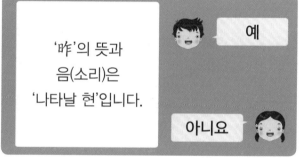

사라지다

☐ 始   ☐ 來   ☐ 消   ☐ 今

4 다음 밑줄 친 한자의 음(소리)으로 알맞은 것을 찾아 ○표 하세요.

수영을 *始*작하기 전에는 충분히
준비 운동을 해야 합니다.

 시

 소

5 다음 밑줄 친 낱말에 해당하는 한자를 쓰세요.

어제 하늘이 아주 예뻤습니다.

답

6 다음 밑줄 친 한자의 음(소리)으로 알맞은 것을 찾아 ○표 하세요.

*消*방관으로 생활하면서 보람을 많이 느낍니다.

 소

 작

점선 위로 겹쳐서 한자를 써 보세요.

연한 글씨 위로 겹쳐서 한자를 따라 써 보세요.

한자 1 | 부수 木 | 총 8획

果 실과 과

나뭇가지 위로 열매가 맺힌 모습을 그린 한자로 [ ] 또는 '결과'를 뜻해요.

답 실과(열매)

쓰는 순서 ㅣ ㄇ ㅁ 日 旦 甲 果 果

果	果							
실과 과	실과 과							

모양이 비슷한 한자 界(지경 계), 東(동녘 동)

한자 2 | 부수 戈 | 총 7획

成 이룰 성

반달 모양의 날이 달린 창으로 다른 나라를 평정했다는 의미에서 [ ](이)라는 뜻이 생겼어요.

답 이루다

쓰는 순서 ㅣ 厂 厂 厈 成 成 成

成	成							
이룰 성	이룰 성							

한자 3 | 부수 力 | 총 5획

功 공 공

땅을 다지는 도구를 들고 힘을 쓰는 모습을 나타낸 한자로 [ ](이)나 '보람'을 뜻해요.

답 공(노력과 수고)

쓰는 순서 ㄱ 丅 工 巧 功

功	功							
공 공	공 공							

1 다음 그림에서 한자 '실과 과'를 따라가 미로를 탈출하세요.

2 다음 한자의 뜻과 음(소리)으로 알맞은 것을 찾아 선으로 이으세요.

점선 위로 겹쳐서
한자를 써 보세요.

연한 글씨 위로 겹쳐서
한자를 따라 써 보세요.

한자 **4** 부수 口 | 총 8획

和 화할 화

여러 사람이 수확한 벼를 나누어 먹는 모습에
서 [ ](이)라는 뜻이 생겼어요.

답 화하다(화목하다)

쓰는 순서 ノ ニ 千 千 禾 禾 和 和

和	和						
화할 화	화할 화						

모양이 비슷한 한자 利(이할 리) **뜻이 반대인 한자** 戰(싸움 전)

한자 **5** 부수 木 | 총 13획

業 업 업

악기를 그린 한자로 악기를 들고 다니며 생업
을 이어가던 모습에서 [ ]을/를 뜻해
요.

답 업(직업)

쓰는 순서 ′ ′′ ′′′ ′′′′ ′′′′′ ′′′′′′ ′′′′′′′ ′′′′′′′′ 堂 堂 華 業 業

業	業						
업 업	업 업						

뜻이 비슷한 한자 事(일 사)

한자 **6** 부수 竹(⺮) | 총 11획

第 차례 제

나무 기둥에 줄을 차례로 감아 놓은 모습에서
[ ]을/를 뜻하게 되었어요.

답 차례

쓰는 순서 ′ ′ ′′ ′′′ ′′′′ ′′′′′ 竿 竿 笃 第 第

第	第						
차례 제	차례 제						

모양이 비슷한 한자 弟(아우 제)

3 다음 그림에서 한자 '화할 화'가 적힌 음표를 선으로 이으며 합창하는 친구들을 만나 보세요.

4 다음 그림에서 한자의 뜻과 음(소리)을 바르게 말하고 있는 친구를 모두 찾아 ○표 하세요.

1 다음에서 한자 '실과 과'가 쓰인 그림을 찾아 색칠하세요.

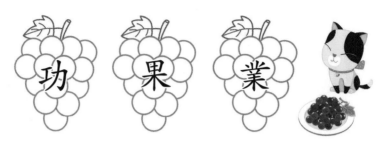

2 다음 한자의 뜻과 음(소리)으로 알맞은 것을 찾아 ○표 하세요.

실과 과	화할 화

업 업	공 공

3 다음 한자의 음(소리)으로 알맞은 것을 찾아 ∨표 하세요.

☐ 성	☐ 제

4 다음 밑줄 친 말에 해당하는 한자를 찾아 ◯표 하세요.

그는 바람대로 화목한 가정을 <u>이루었습니다.</u>

和   成

5 다음 문장의 내용이 맞으면 '예', 틀리면 '아니요'에 ◯표 하세요.

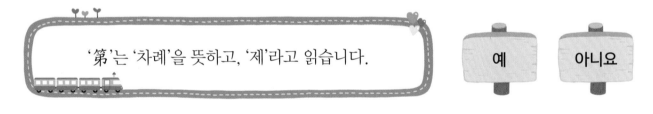
'第'는 '차례'을 뜻하고, '제'라고 읽습니다.

예   아니요

6 다음 밑줄 친 한자의 음(소리)으로 알맞은 것을 찾아 ◯표 하세요.

그녀의 직<u>業</u>은 화가입니다.

성   업

대표 한자어 01

작 년

昨	年
어제 작	해 년

뜻 이 해의 바로 앞의 해.

축하해! 昨年(작년)보다 키가 많이 자랐구나!

대표 한자어 02

방 금

方	今
모 방	이제 금

뜻 말하고 있는 시점보다 바로 조금 전에.

方今(방금) 아침 스트레칭을 했더니, 평소보다 상쾌한 기분이야!

대표 한자어 03

현 대

現	代
나타날 현	대신할 대

뜻 지금의 시대.

표 현

表	現
겉 표	나타날 현

뜻 느낌이나 생각을 말, 글, 예술 작품 따위로 나타내는 것.

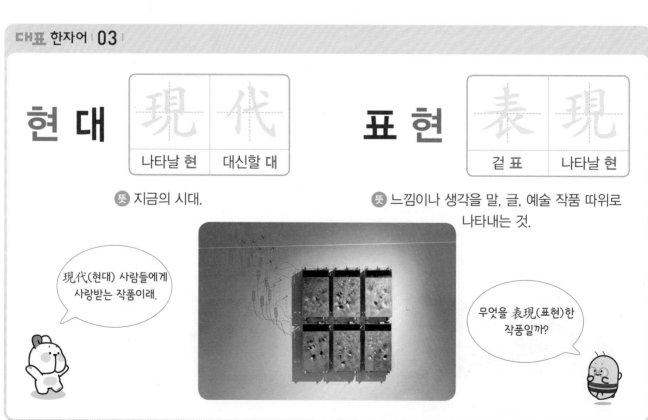

現代(현대) 사람들에게 사랑받는 작품이래.

무엇을 表現(표현)한 작품일까?

소 화

消	火
사라질 소	불 화

뜻 불을 끔.

비상시를 대비하여
消火(소화)기 사용법을
알아 두는 게 좋아.

항상 널 응원해!

시 작

始	作
비로소 시	지을 작

뜻 계속되는 어떤 행동이나 현상의 처음.

누나에게 자전거
타는 법을 배우기
始作(시작)했어.

내 년

來	年
올 래	해 년

뜻 올해의 바로 다음 해.

연말에는 가족들과 함께
來年(내년)을 맞이하는
시간을 가지도록 해 보자.

새해

참고 '來'가 낱말의 맨 앞에 올 때는 '내'라고 읽습니다.

2주 03일 급수 한자어 대표 전략 ❶

대표 한자어 | **07** |

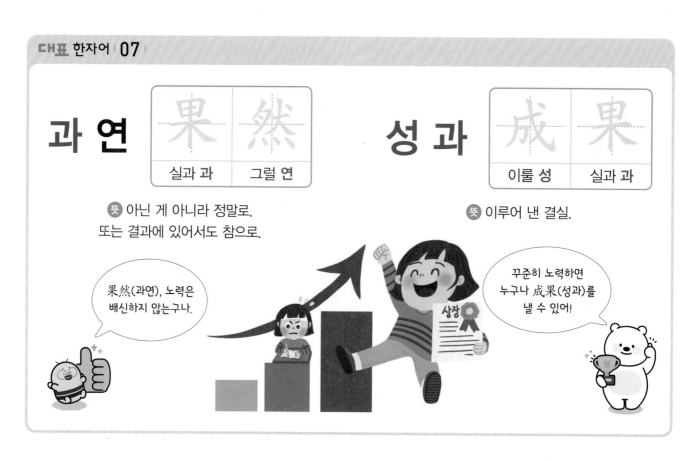

과 연 果 然
실과 과 · 그럴 연

뜻 아닌 게 아니라 정말로.
또는 결과에 있어서도 참으로.

果然(과연), 노력은
배신하지 않는구나.

성 과 成 果
이룰 성 · 실과 과

뜻 이루어 낸 결실.

꾸준히 노력하면
누구나 成果(성과)를
낼 수 있어!

대표 한자어 | **08** |

성 공 成 功
이룰 성 · 공 공

뜻 목적하는 바를 이룸.

成功(성공)의
비결이 뭐야?

작 성 作 成
지을 작 · 이룰 성

뜻 서류, 원고 따위를 만듦.

계획표를
作成(작성)하고 그대로
실천하려고 노력했어.

대표 한자어 | 09 |

화음

和	音
화할 화	소리 음

뜻 높이가 서로 다른 여러 소리가 듣기 좋게 함께 어울리는 것.

고마워. 아름다운 和音(화음)을 들으니 기분이 좋아.

대표 한자어 | 10 |

제 일

第	一
차례 제	한 일

뜻 여럿 가운데 가장.

한라산은 제주도에서 第一 (제일) 높은 산이야!

대표 한자어 | 11 |

농 업

農	業
농사 농	업 업

뜻 농작물을 심고 가꾸는 직업이나 산업.

지연이의 아버지는 농사를 지으시는 農業(농업)인이셔!

1 다음 그림에 해당하는 낱말을 찾아 선으로 이으세요.

•

•   •

| 농업 | | 작성 |

Tip

'業'은 (업, 공)을/를 뜻하고, '업'이라고 읽습니다.

답 업

2 다음 문장의 내용이 맞으면 '예', 틀리면 '아니요'에 ◯표 하세요.

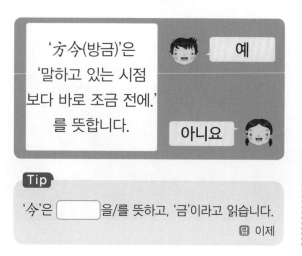

'方今(방금)'은 '말하고 있는 시점보다 바로 조금 전에.'를 뜻합니다.

예

아니요

Tip

'今'은 [   ]을/를 뜻하고, '금'이라고 읽습니다.

답 이제

3 다음 설명에 해당하는 한자어를 찾아 ◯표 하세요.

설명

아닌 게 아니라 정말로. 또는 결과에 있어서도 참으로.

第一   果然

Tip

'果'는 [   ]을/를 뜻하고, '과'라고 읽습니다.

답 실과

4 다음 한자어의 뜻을 바르게 설명한 것을 찾아 ∨표 하세요.

昨年

☐ 이 해의 바로 앞의 해.

☐ 올해의 바로 다음 해.

Tip

'昨'은 '어제'를 뜻하고, [   ](이)라고 읽습니다.

답 작

5 한자 '和(화할 화)'가 들어 있는 낱말을 찾아 ○표 하세요.

화음   소화

Tip

'消火'는 '불을 끔.'을 뜻하고, [   ](이)라고 읽습니다.

답 소화

6 다음 문장에 들어갈 알맞은 한자어를 찾아 ○표 하세요.

꾸준한 연습으로 줄넘기를 (成功 / 成果)했습니다.

Tip

[   ]은/는 '목적하는 바를 이룸.'을 뜻합니다.

답 성공

7 다음 힌트를 보고 빈칸에 들어갈 알맞은 글자를 써넣으세요.

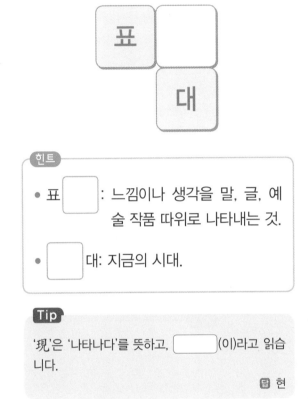

힌트

- 표 [   ] : 느낌이나 생각을 말, 글, 예술 작품 따위로 나타내는 것.

- [   ]대: 지금의 시대.

Tip

'現'은 '나타나다'를 뜻하고, [   ](이)라고 읽습니다.

답 현

| 전략 1 | 한자어의 음(소리) 쓰기 |

다음 밑줄 친 漢字語_{한자어}**의 讀音**(독음: 읽는 소리)**을 쓰세요.**

> 보기
>
> 光線 ➡ 광선

• 昨年보다 농구 실력이 늘었습니다. ➡ (   )

답 작년

필수 예제 | 01 |

다음 밑줄 친 漢字語_{한자어}**의 讀音**(독음: 읽는 소리)**을 쓰세요.**

> 보기
>
> 計算 ➡ 계산

(1) 來年에도 가족들과 함께 캠핑을 가고 싶습니다. ➡ (   )

(2) 아버지께서 고기를 굽기 始作하셨습니다. ➡ (   )

> 낱말의 첫 글자로 쓰일 때 음(소리)가 변하는 한자에 유의하며 문제를 풀도록 합니다.
> 예 女子 → 녀자(×) 여자(○)

(3) 캠핑 갈 때는 차량용 消火기를 준비하는 것이 좋습니다. ➡ (   )

전략 2 한자의 뜻과 음(소리) 쓰기

다음 漢字한자의 訓(훈: 뜻)과 音(음: 소리)을 쓰세요.

> **보기**
>
> 科 ➡ 과목 과

• 現 ➡ (   )

답 나타날 현

필수 예제 02

다음 漢字한자의 訓(훈: 뜻)과 音(음: 소리)을 쓰세요.

> **보기**
>
> 角 ➡ 뿔 각

(1) 功 ➡ (   )

(2) 第 ➡ (   )

> 한자는 글자마다 뜻과
> 음(소리)을 가지고 있어서,
> 한자의 뜻과 음(소리)을
> 모두 잘 기억해야 합니다.

(3) 昨 ➡ (   )

전략 3 한자어를 구성하는 한자 찾기

다음 문장에 어울리는 漢字語한자어가 되도록 (   ) 안에 알맞은 漢字한자를 보기 에서 찾아 그 번호를 쓰세요.

보기
①和   ②現   ③消   ④始

• (   )代에는 다양한 기술을 활용한 스마트 농업이 이루어지고 있습니다.

→ (   )

답 ②

필수 예제 03

다음 문장에 어울리는 漢字語한자어가 되도록 (   ) 안에 알맞은 漢字한자를 보기 에서 찾아 그 번호를 쓰세요.

보기
①成   ②昨   ③果   ④現

(1) (   )年부터 꾸준히 운동을 하고 있습니다.

→ (   )

(2) 成(   )를 보니 열심히 노력한 보람이 있습니다.

→ (   )

먼저 글 속에 쓰인 말의 뜻을 알아내고, 그 뜻에 해당하는 한자를 찾아내도록 합시다.

(3) 목표를 세우고, 계획표를 作(   )해 보았습니다.

→ (   )

▶정답 17쪽

전략 4 제시된 뜻에 맞는 한자어 찾기

다음 뜻에 맞는 漢字語한자어를 **보기** 에서 찾아 그 번호를 쓰세요.

> **보기**
>
> ① 方今　　② 昨年　　③ 來年　　④ 始作

• 말하고 있는 시점보다 바로 조금 전에. ➡ (　　　　　)

답 ①

필수 예제 04

다음 뜻에 맞는 漢字語한자어를 **보기** 에서 찾아 그 번호를 쓰세요.

> **보기**
>
> ① 現代　　② 成果　　③ 第一　　④ 果然

(1) 아닌 게 아니라 정말로. 또는 결과에 있어서도 참으로. ➡ (　　　　　)

(2) 지금의 시대. ➡ (　　　　　)

> 한자어의 뜻이 생각나지
> 않을 때는 한자의 뜻을 조합하여
> 문제를 풀어 봅시다.

(3) 여럿 가운데 가장. ➡ (　　　　　)

[한자어의 음(소리) 쓰기]

1 다음 밑줄 친 漢字語한자어의 讀音(독음: 읽는 소리)을 쓰세요.

강아지는 꼬리를 흔드는 몸짓으로 반가운 마음을 __表現__합니다.

→ (   )

> **Tip**
> '表現'은 '느낌이나 생각을 말, 글, 예술 작품 따위로 나타내는 것.'을 뜻하는 한자어입니다.

[한자어의 음(소리) 쓰기]

2 다음 밑줄 친 漢字語한자어의 讀音(독음: 읽는 소리)을 쓰세요.

새들이 지저귀는 소리가 아름다운 __和音__을 이루었습니다.

→ (   )

> **Tip**
> '和音'은 '높이가 서로 다른 여러 소리가 듣기 좋게 함께 어울리는 것.'을 뜻하는 한자어입니다.

[한자의 뜻과 음(소리) 쓰기]

3 다음 漢字한자의 訓(훈: 뜻)과 音(음: 소리)을 쓰세요.

> 보기
>
> 球 → 공 **구**

• 今 → (   )

> **Tip**
> '今'은 '이제'를 뜻합니다.

[한자의 뜻과 음(소리) 쓰기]

4 다음 漢字한자의 訓(훈: 뜻)과 音(음: 소리)을 쓰세요.

> 보기
>
> 計 → 셀 **계**

• 來 → (   )

> **Tip**
> '來'는 '래'라고 읽습니다.

[한자어를 구성하는 한자 찾기]

5 다음 문장에 어울리는 漢字語한자어가 되도록 (   ) 안에 알맞은 漢字한자를 보기 에서 찾아 그 번호를 쓰세요.

보기

①現   ②業   ③果   ④成

• 農(   ) 기술이 날로 발전하고 있습니다.

➡ (   )

Tip
'農業'은 '농작물을 심고 가꾸는 직업이나 산업.'을 뜻하는 한자어입니다.

[한자어를 구성하는 한자 찾기]

6 다음 문장에 어울리는 漢字語한자어가 되도록 (   ) 안에 알맞은 漢字한자를 보기 에서 찾아 그 번호를 쓰세요.

보기

①功   ②果   ③消   ④始

• 듣던 대로 (   )然 멋진 풍경이었습니다.

➡ (   )

Tip
'果然'은 '아닌 게 아니라 정말로. 또는 결과에 있어서도 참으로.'를 뜻하는 한자어입니다.

[제시된 뜻에 맞는 한자어 찾기]

7 다음 뜻에 맞는 漢字語한자어를 보기 에서 찾아 그 번호를 쓰세요.

보기

①成功   ②作成   ③消火   ④始作

• 불을 끔. ➡ (   )

Tip
'消'는 '사라지다'를 뜻하고, '소'라고 읽습니다.

01 다음 ☐ 안에 들어갈 알맞은 한자에 ○표 하세요.

깜짝 생일 파티 계획이

成 ☐ 했습니다.

(功 / 果)

02 다음 한자의 뜻과 음(소리)을 쓰세요.

> 보기
>
> 形 → 모양 형

(1) 果 → (　　　　　)

(2) 今 → (　　　　　)

03 다음 밑줄 친 한자어의 음(소리)을 쓰세요.

> 올겨울은 <u>昨年</u>보다 춥습니다.

→ (　　　　　)

04 다음 ☐ 안에 들어갈 알맞은 한자를 보기 에서 찾아 그 번호를 쓰세요.

> 보기
>
> ① 業　　② 功　　③ 果

• 농 ☐ : 농작물을 심고 가꾸는 직업이나 산업.

→ (　　　　　)

05 다음 뜻과 음(소리)에 해당하는 한자를 보기 에서 찾아 그 번호를 쓰세요.

> 보기
>
> ① 成　　② 第　　③ 功

• 차례 제 → (　　　　　)

06 다음 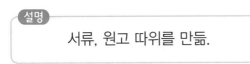 에 해당하는 한자어를 빈 칸을 채워 완성하세요.

설명
서류, 원고 따위를 만듦.

답 作 [ ]

07 다음 한자의 뜻을 보기 에서 찾아 그 번호를 쓰세요.

보기
① 공   ② 업   ③ 차례

• 功 → (   )

08 다음 뜻에 해당하는 한자어를 보기 에서 찾아 그 번호를 쓰세요.

보기
① 成功 ② 成果 ③ 農業

• 이루어 낸 결실.
→ (   )

09 다음 밑줄 친 낱말에 해당하는 한자어를 보기 에서 찾아 그 번호를 쓰세요.

보기
① 始作 ② 消火 ③ 來年

• 동생은 <u>내년</u>에 초등학생이 됩니다.
→ (   )

10 다음 문장에 어울리는 한자어가 되도록 (   ) 안에 알맞은 한자를 보기 에서 찾아 그 번호를 쓰세요.

보기
① 昨   ② 現   ③ 今

• 장영실은 (   )代에도 존경받는 조선 시대 과학자입니다.
→ (   )

창의·융합·코딩 전략 ❶

창의 융합

1 위 대화를 읽고, 드림이가 작년에 멀리 떨어진 지역에 이동하기 위해 이용한 현대의 교통수단이 무엇인지 쓰세요.

➜ (   )

▶정답 18쪽

2 위 대화를 읽고, 오름이가 달리기가 성공적이라고 생각하는 이유를 쓰세요.

➡ (　　　　　　　　　　　　　　　　　　　　　　　　　　　　　　　　　)

코딩

1 '출발' 지점에서 명령어 에 따라 한 칸씩 이동하여 획득한 재료로 만들 수 있는 메뉴를 고르고, 메뉴에 적힌 한자의 뜻을 쓰세요.

명령어

| 오른쪽 | 오른쪽 | 아래쪽 | 왼쪽 | 아래쪽 | 오른쪽 |

메뉴

第　　來

• 한자의 뜻 ➜ (　　　　　　　　　　)

창의 융합

2 다음 글을 읽고, 밑줄 친 낱말에 해당하는 한자를 보기 에서 찾아 한자로 쓰세요.

　　높이가 다른 둘 이상의 음이 함께 울릴 때 어울리는 소리를 <u>화음</u>이라고 합니다. 하나의 음이 울리는 단음보다 두 개 이상의 음이 함께 울리면 더 풍부한 울림이 느껴집니다.

보기

　　和音　　　成果

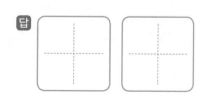

답

코딩

3 모든 동물은 보기 와 같이 각각 하나의 한자 카드를 가지고 있습니다. 규칙 을 살펴 보고, 빈칸에 들어갈 동물이 가진 한자의 음(소리)을 쓰세요.

보기

규칙

가로 한 줄과 세로 한 줄에 각 동물들이 한 번만 나열될 수 있습니다.

• 한자의 음(소리) ➡ (   )

창의 융합

4 다음 그림을 보고, 조건 을 모두 만족하는 사람을 찾아 ○표 하세요.

조건

消火　　　業

5 다음 그림을 보고, 감정을 나타내는 다양한 몸짓과 관련이 있는 한자어를 고르세요.

➡ (   )

| 감동적인 | 자신감 있는 | 행복한 | 동의하는 | 기쁜 | 긍정적인 |

① 農業　　　② 和音　　　③ 作成　　　④ 表現

6 명령어 대로 주어진 방향으로 한 칸씩 이동했을 때 도착하게 되는 곳에 쓰인 한자의 뜻을 쓰세요.

명령어

▶

오른쪽 ➡

오른쪽 ➡

아래쪽 ⬇

오른쪽 ➡

출발

和

消

果　業

第

• 한자의 뜻 ➡ (   )

▶정답 18쪽

7 규칙을 정해 크리스마스트리를 장식하고 있습니다. 그림을 살펴보고 규칙을 찾아 빈 칸에 들어갈 한자의 뜻을 쓰세요.

• 한자의 뜻 ➜ (   )

8 다음 글을 읽고, 밑줄 친 한자어의 음(소리)을 쓰세요.

　　산업은 지역의 자연과 사회 환경에 따라 다르게 발달합니다. 넓은 평야가 있는 곳에서는 農業, 바다로 둘러싸인 지역에는 어업, 석탄과 석회암이 풍부한 지역에는 광업이나 공업, 삼림이 우거진 지역에는 임업이 발달합니다.

• 한자어의 음(소리) ➜ (   )

만화를 보고, 지금까지 배운 한자를 기억해 보세요.

1주 | 과학 / 수학 한자

科　光　線　地　球　色　數　字　計　算　角　形

2주 | 시간 / 결과 한자

昨　今　現　消　始　來　果　成　功　和　業　第

과학 한자

1 다음 그림을 보고, 물음에 답하세요.

(㉠)의 표면은 많은 부분이 바다로 덮여 있습니다.

❶ ㉠에 들어갈 알맞은 한자어에 ∨표 하세요.

☐ 電球   ☐ 地球   ☐ 圖形

❷ 다음 그림과 관련이 있는 한자를 찾아 선으로 이으세요.

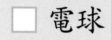

빛
·

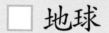

땅
·

· 光

· 地

Tip

'地'의 음(소리)은 ❶ [   ](이)고, '球'의 뜻은 ❷ [   ]입니다.

답 ❶지 ❷공

▶정답 19쪽

수학 한자

2 다음 오름이의 생활 계획표를 보고, 물음에 답하세요.

① 하루 동안 오름이의 수면 시간을 計算하여 쓰세요.

→ (　　　　　　) 시간

② 다음 문장의 내용이 맞으면 '예', 틀리면 '아니요'에 ○표 하세요.

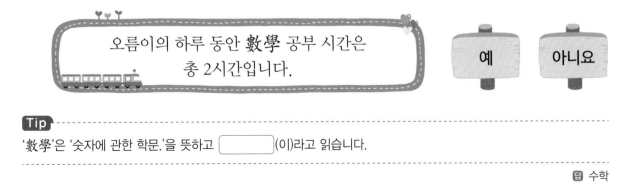

오름이의 하루 동안 **數學** 공부 시간은
총 2시간입니다.

예　　아니요

Tip

'**數學**'은 '숫자에 관한 학문.'을 뜻하고 [　　　](이)라고 읽습니다.

답 수학

시간 한자

3 다음 드림이의 일기를 읽고, 물음에 답하세요.

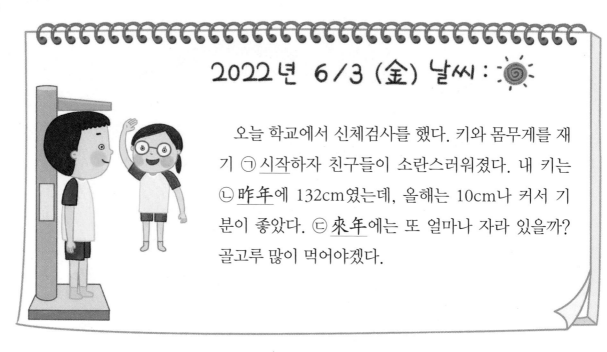

2022년 6/3 (金) 날씨 : ☼

오늘 학교에서 신체검사를 했다. 키와 몸무게를 재기 ㉠시작하자 친구들이 소란스러워졌다. 내 키는 ㉡昨年에 132cm였는데, 올해는 10cm나 커서 기분이 좋았다. ㉢來年에는 또 얼마나 자라 있을까? 골고루 많이 먹어야겠다.

❶ ㉠에 알맞은 한자어를 보기 에서 찾아 그 번호를 쓰세요.

보기

① 方今　　　② 始作　　　③ 現代

• ㉠ 시작 ➜ (　　　　　　　)

❷ ㉡과 ㉢의 음(소리)을 적고, 드림이의 올해의 키는 몇 cm인지 쓰세요.

• ㉡ 昨年 ➜ (　　　　　　)　　　• ㉢ 來年 ➜ (　　　　　　)
• 올해의 키 ➜ (　　　　　　) cm

Tip
'昨'의 뜻은 ❶ [　　　　](이)고, '來'의 뜻은 ❷ [　　　　]입니다.

답 ❶ 어제 ❷ 오다

결과 한자

4 다음 인터넷 신문 기사를 읽고, 물음에 답하세요.

오는 11월 11일 오전 11시 새싹대공연장에서 '제7회 전국어린이합창대회'가 개최됩니다.

이번 대회는 전국 각지의 어린이합창단이 참가하여 경연을 벌일 예정으로, 벌써부터 많은 관심을 받고 있습니다.

참가를 원하는 어린이합창단은 7월 7일까지 홈페이지를 통하여 신청서를 ㉠作成하여 접수해 주시기 바랍니다.

㉡第一의 어린이합창단에 도전해 보세요!

❶ 밑줄 친 한자어의 음(소리)을 쓰세요.

• ㉠ 作成 ➡ (   )   • ㉡ 第一 ➡ (   )

❷ 인터넷 신문 기사에 넣을 사진이 필요합니다. 주어진 한자어와 어울리는 그림에 ∨표 하세요.

  □  □

Tip

'和音'의 '和'는 '화하다'를 뜻하고 [   ](이)라고 읽습니다.

답 화

[문제 01~02] 다음 밑줄 친 漢字語한자어의 讀音(독음: 읽는 소리)을 쓰세요.

보기

藥用 → 약용

　내가 제일 좋아하는 과목은 01科學입니다. 오늘은 우리가 사는 02地球에 대하여 배웠습니다. 과학을 열심히 공부해서 훌륭한 과학자가 되고 싶습니다.

01 科學 → (　　　　　　)

02 地球 → (　　　　　　)

[문제 03~04] 다음 漢字한자의 訓(훈: 뜻)과 音(음: 소리)을 쓰세요.

보기

對 → 대할 대

03 科 → (　　　　　　)

04 角 → (　　　　　　)

[문제 05~06] 다음 문장에 어울리는 漢字語한자어가 되도록 (   ) 안에 알맞은 漢字한자를 **보기** 에서 찾아 그 번호를 쓰세요.

① 線   ② 光

05 젖은 손으로 電(_____)을 만지지 않도록 주의해야 합니다.

→ (   )

06 發(_____)생물인 반딧불이가 밤하늘을 반짝반짝 수놓았습니다.

→ (   )

[문제 07~08] 다음 중 뜻이 서로 반대(또는 상대)되는 漢字한자끼리 연결되지 <u>않은</u> 것을 찾아 그 번호를 쓰세요.

07 ①大 ↔ 小   ②上 ↔ 下
③左 ↔ 右   ④數 ↔ 算

→ (   )

08 ①內 ↔ 外   ②問 ↔ 答
③老 ↔ 少   ④光 ↔ 色

→ (   )

[문제 09~10] 다음 밑줄 친 漢字語한자어를 漢字한자로 쓰세요.

09 <u>삼촌</u>이 오랜만에 놀러 오셔서 반가웠습니다.

→ (   )

10 어머니께서 강아지를 안고 <u>대문</u>까지 배웅해 주셨습니다.

→ (   )

[문제 11~12] 다음 밑줄 친 漢字語한자어의 讀音(독음: 읽는 소리)을 쓰세요.

11 내 친구는 <u>計算</u>을 잘해서 거의 틀리는 일이 없습니다.

→ (   )

12 그는 몸을 <u>直角</u>이 되게 굽혀 인사했습니다.

→ (   )

[문제 13~14] 다음 뜻에 맞는 漢字語한자어를 보기 에서 찾아 그 번호를 쓰세요.

보기
① 十字　② 色紙　③ 光線

13 빛의 줄기. ➡ (　　　　　)

14 '十'자와 같은 모양.

➡ (　　　　　)

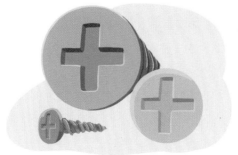

[문제 15~16] 다음 漢字한자의 진하게 표시된 획은 몇 번째 쓰는지 보기 에서 찾아 그 번호를 쓰세요.

보기
① 두 번째　② 네 번째
③ 여섯 번째　④ 여덟 번째

15  形 (　　　　　)

16 線 (　　　　　)

[문제 01~02] 다음 밑줄 친 漢字語한자어의 讀音(독음: 읽는 소리)을 쓰세요.

地球 ➡ 지구

　운동회가 01<u>始作</u>되었습니다. 02<u>昨年</u>에는 백군이 승리하였는데, 올해는 어느 팀이 이기게 될지 궁금합니다.

01 始作 ➡ (　　　　　　)

02 昨年 ➡ (　　　　　　)

[문제 03~04] 다음 漢字한자의 訓(훈: 뜻)과 音(음: 소리)을 쓰세요.

線 ➡ 줄 선

03 消 ➡ (　　　　　　)

04 和 ➡ (　　　　　　)

[문제 05~06] 다음 문장에 어울리는 漢字語_{한자어}가 되도록 (   ) 안에 알맞은 漢字_{한자}를 보기 에서 찾아 그 번호를 쓰세요.

보기

① 今   ② 現

05 한복은 (_____)代에도 사랑받는 우리나라 전통 의복입니다.

→ (   )

06 方(_____) 넣은 골로 무승부로 경기가 끝났습니다.

→ (   )

[문제 07~08] 다음 중 뜻이 서로 반대(또는 상대)되는 漢字_{한자}끼리 연결되지 <u>않은</u> 것을 찾아 그 번호를 쓰세요.

07 ① 兄 ↔ 弟   ② 字 ↔ 文
    ③ 父 ↔ 母   ④ 出 ↔ 入

→ (   )

08 ① 男 ↔ 女   ② 前 ↔ 後
    ③ 地 ↔ 天   ④ 事 ↔ 業

→ (   )

[문제 09~10] 다음 밑줄 친 漢字語한자어를 漢字한자로 쓰세요.

09 강당에서 학생들이 각기 다른 악기를 연주하고 있습니다.

→ (   )

10 선생님과 학생들이 교실에 모여 이야기를 나누고 있습니다.

→ (   )

[문제 11~12] 다음 밑줄 친 漢字語한자어의 讀音(독음: 읽는 소리)을 쓰세요.

11 삼촌은 동네에서 第一가는 요리사입니다.

→ (   )

12 成功하는 사람들에게는 저마다의 비결이 있습니다.

→ (   )

[문제 13~14] 다음 뜻에 맞는 漢字語한자어를 보기 에서 찾아 그 번호를 쓰세요.

보기

① 作成   ② 消火   ③ 現代

13 서류, 원고 따위를 만듦.

→ (   )

[문제 15~16] 다음 漢字한자의 진하게 표시된 획은 몇 번째 쓰는지 보기 에서 찾아 그 번호를 쓰세요.

보기

① 두 번째   ② 세 번째
③ 네 번째   ④ 다섯 번째

15

(   )

16

(   )

14 불을 끔. → (   )

교과 학습 한자어 전략

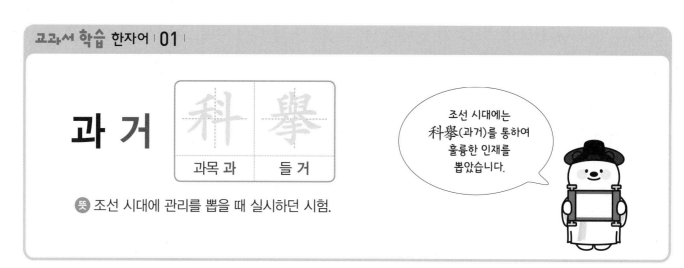

과 거

科	擧
과목 과	들 거

조선 시대에는 科擧(과거)를 통하여 훌륭한 인재를 뽑았습니다.

뜻 조선 시대에 관리를 뽑을 때 실시하던 시험.

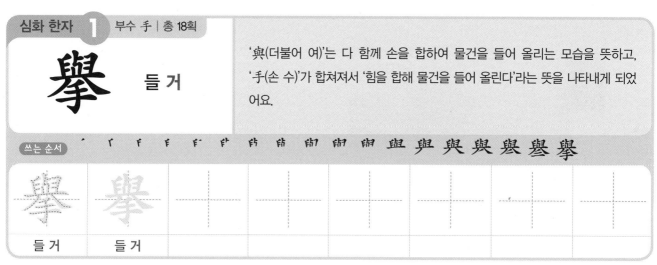

심화 한자 **1** 부수 手 | 총 18획

擧 들 거

'與(더불어 여)'는 다 함께 손을 합하여 물건을 들어 올리는 모습을 뜻하고, '手(손 수)'가 합쳐져서 '힘을 합해 물건을 들어 올린다'라는 뜻을 나타내게 되었어요.

쓰는 순서 ' ｆ ｆ ｆ ｆ ｆ 昀 昀 昀 昀 昀 昀 與 與 與 擧 擧 擧

擧	擧						
들 거	들 거						

1 '科擧'의 뜻으로 알맞은 것을 찾아 ○표 하세요.

조선 시대에 관리를 뽑을 때 실시하던 시험.

시험이나 검사 따위에 합격함.

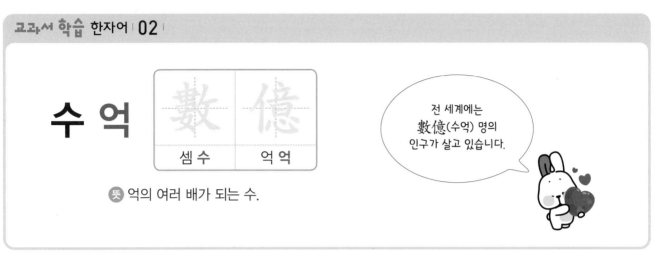

교과서 **학습** 한자어 | 02

수 억

數	億
셈 수	억 억

전 세계에는
數億(수억) 명의
인구가 살고 있습니다.

뜻 억의 여러 배가 되는 수.

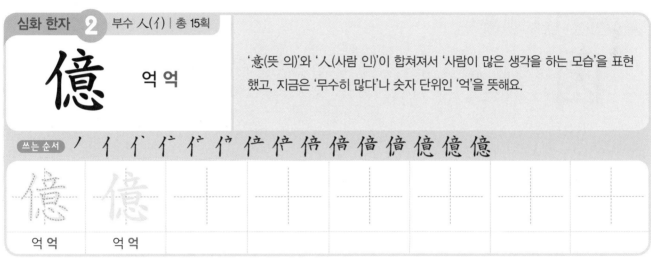

심화 한자 ② 부수 人(亻) | 총 15획

億 억 억

'意(뜻 의)'와 '人(사람 인)'이 합쳐져서 '사람이 많은 생각을 하는 모습'을 표현했고, 지금은 '무수히 많다'나 숫자 단위인 '억'을 뜻해요.

쓰는 순서 丿 亻 亻 亻 亻 亻 伫 伫 倍 倍 倍 倍 億 億 億

億	億					
억 억	억 억					

2 다음 문장의 내용이 맞으면 '예', 틀리면 '아니요'에 ○표 하세요.

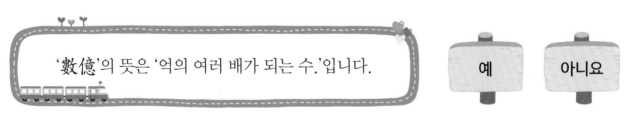

'**數億**'의 뜻은 '억의 여러 배가 되는 수.'입니다.

예 아니요

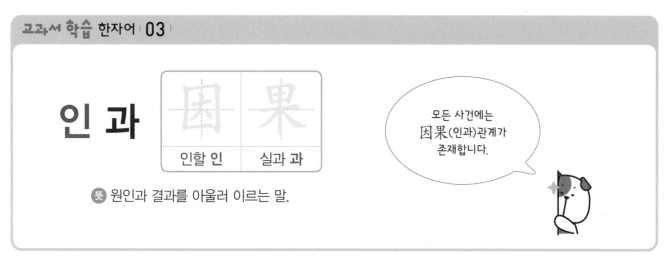

교과서 학습 한자어 | 03

인 과

因	果
인할 인	실과 과

🔵 원인과 결과를 아울러 이르는 말.

모든 사건에는 因果(인과)관계가 존재합니다.

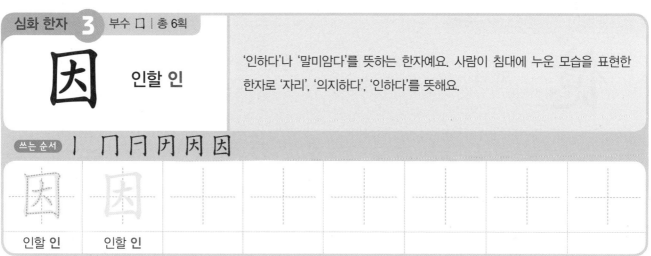

심화 한자 **3** 부수 □ | 총 6획

因 인할 인

'인하다'나 '말미암다'를 뜻하는 한자예요. 사람이 침대에 누운 모습을 표현한 한자로 '자리', '의지하다', '인하다'를 뜻해요.

쓰는 순서 丨 冂 冂 冂 囝 因

因	因							
인할 인	인할 인							

---

3 다음 한자어에 해당하는 뜻을 찾아 선으로 이으세요.

因果 •

• 원인과 결과를 아울러 이르는 말.

• 일이 생기게 된 원인이나 조건.

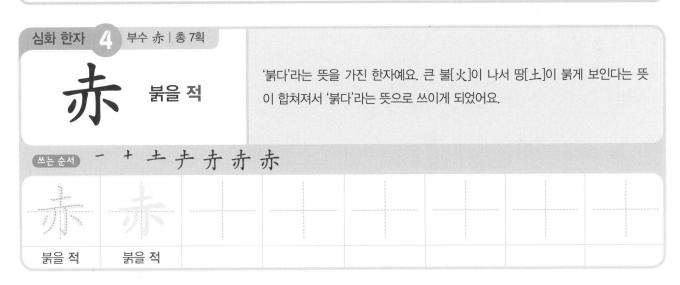

교과서 학습 한자어 04

적 자

赤	字
붉을 적	글자 자

뜻 지출이 수입보다 많은 상태, 즉 손해.

동네의 작은 음식점은 옆에 백화점이 생기면서 *赤字*(적자)가 났습니다.

심화 한자 4 부수 赤 | 총 7획

赤 붉을 적

'붉다'라는 뜻을 가진 한자예요. 큰 불[火]이 나서 땅[土]이 붉게 보인다는 뜻이 합쳐져서 '붉다'라는 뜻으로 쓰이게 되었어요.

쓰는 순서 一 十 土 土 赤 赤 赤

赤	赤					
붉을 적	붉을 적					

---

4 다음 한자어에 해당하는 뜻을 찾아 ○표 하세요.

赤字

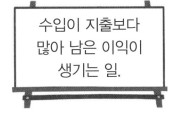

수입이 지출보다 많아 남은 이익이 생기는 일.

지출이 수입보다 많은 상태, 즉 손해.

한자 전략 4단계 B 사진 출처

게티 이미지 뱅크

셔터스톡

* ( ) 안의 표기는 저작권자명임.

** 출처 표시를 안 한 사진 및 삽화 등은 발행사에서 저작권을 가지고 있는 경우임.

메모

연산이 즐거워지는 공부습관

똑똑한 하루

빅터연산

기초부터 튼튼하게

수학의 기초는 연산!
빅터가 쉽고 재미있게 알려주는 연산 원리와
집중 연산을 통해 연산 해결 능력 강화

게임보다 재미있다

지루하고 힘든 연산은 NO!
수수께끼, 연상퀴즈, 실생활 문제로
쉽고 재미있는 연산 YES!

더! 풍부한 학습량

수·연산 문제를 충분히 담은 풍부한 학습량
교재 표지의 QR을 통해 모바일 학습 제공
교과와 연계되어 학기용 교재로도 OK

초등 연산의 빅데이터!
기초 탄탄 연산서
예비초~초2(각 A~D)
초3~6(각 A~B)

뭘 좋아할지 몰라 다 준비했어♥
전과목 교재

전과목 시리즈 교재

● 무등생 해법시리즈
- 국어/수학   1~6학년, 학기용
- 사회/과학   3~6학년, 학기용
- 봄·여름/가을·겨울   1~2학년, 학기용
- SET(전과목/국수, 국사과)   1~6학년, 학기용

● 똑똑한 하루 시리즈
- 똑똑한 하루 독해   예비초~6학년, 총 14권
- 똑똑한 하루 글쓰기   예비초~6학년, 총 14권
- 똑똑한 하루 어휘   예비초~6학년, 총 14권
- 똑똑한 하루 한자   예비초~6학년, 총 14권
- 똑똑한 하루 수학   1~6학년, 학기용
- 똑똑한 하루 계산   예비초~6학년, 총 14권
- 똑똑한 하루 도형   예비초~6학년, 총 8권
- 똑똑한 하루 사고력   1~6학년, 학기용
- 똑똑한 하루 사회/과학   3~6학년, 학기용
- 똑똑한 하루 봄/여름/가을/겨울   1~2학년, 총 8권
- 똑똑한 하루 안전   1~2학년, 총 2권
- 똑똑한 하루 Voca   3~6학년, 학기용
- 똑똑한 하루 Reading   초3~초6, 학기용
- 똑똑한 하루 Grammar   초3~초6, 학기용
- 똑똑한 하루 Phonics   예비초~초등, 총 8권

● 독해가 힘이다 시리즈
- 초등 문해력 독해가 힘이다 비문학편   3~6학년
- 초등 수학도 독해가 힘이다   1~6학년, 학기용
- 초등 문해력 독해가 힘이다 문장제수학편   1~6학년, 총 12권

영어 교재

● 초등영어 교과서 시리즈
파닉스(1~4단계)   3~6학년, 학년용
영단어(1~4단계)   3~6학년, 학년용

● LOOK BOOK 영단어   3~6학년, 단행본

● 원서 읽는 LOOK BOOK 영단어   3~6학년, 단행본

국가수준 시험 대비 교재

● 해법 기초학력 진단평가 문제집   2~6학년·중1 신입생, 총 6권

급수 한자 필수 학습!
탄탄하게 다져두자!

한자 전략

급수 한자

4단계 B

6급 II ②

정답과 부록

천재교육

모르는 문제는
확실하게
알고 가자!

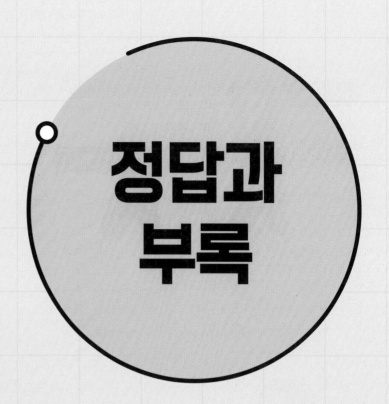

정답과 부록

 4단계 **B** 6급 II ②

정답

급수 한자 돌파 전략 ❶ 한자 기초 확인　13, 15쪽

1 모일 회　모일 사

社　會

2 오늘 저는 대한민국이라는 나라에 대하여 소개하겠습니다.

國

會

3 世　나라 국　인간 세

모일 사　지경 계　界

4 (미로 그림)

급수 한자 돌파 전략 ❷　16~17쪽

1

世 — 모이다 — 세

會 — 인간 — 회

2

'社'의 뜻과 음(소리)은 '모일 사'입니다. → 예

'國'의 뜻과 음(소리)은 '모일 회'입니다. → 아니요

3

지경　집

☐ 會　✔ 界　☐ 世　✔ 家

4 비행접시를 타고 온 외界인이 나타났다는 소문이 있습니다.

계　국

5 ②

6

社 ↑ 모일 사

國 ↑ 나라 국

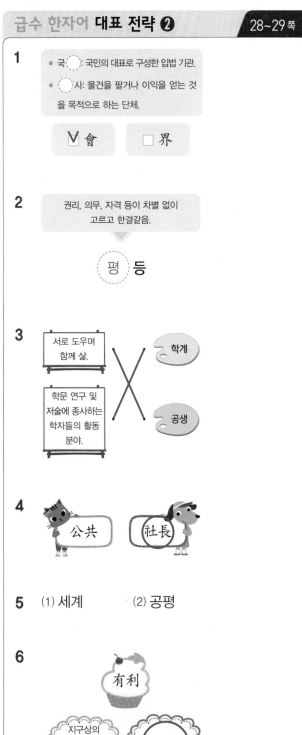

급수 한자어 대표 전략 ❷ 　28~29 쪽

1
- 국 ◯ : 국민의 대표로 구성한 입법 기관.
- ◯ 사: 물건을 팔거나 이익을 얻는 것을 목적으로 하는 단체.

☑ 會　　□ 界

2
권리, 의무, 자격 등이 차별 없이 고르고 한결같음.

⬇

(평) 등

3
| 서로 도우며 함께 삶. | ╳ | 학계 |
| 학문 연구 및 저술에 종사하는 학자들의 활동 분야. | | 공생 |

4
公共　　社長

5 (1) 세계　　(2) 공평

6
有利

| 지구상의 모든 나라. 인류 사회 전체. | (이익이 있음.) |

7

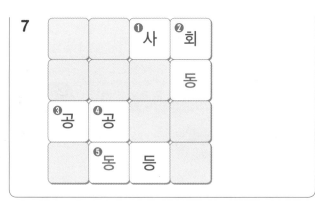

		❶사	❷회
			동
❸공	❹공		
	❺동	등	

급수 시험 체크 전략 ❶ 　30~33 쪽

필수 예제 01
(1) 회사　　　(2) 평등　　　(3) 유리

필수 예제 02
(1) 집 가　　(2) 무리 등　　(3) 인간 세

필수 예제 03
(1) ①　　　　(2) ②　　　　(3) ③

필수 예제 04
(1) ②　　　　(2) ④　　　　(3) ③

급수 시험 체크 전략 ❷ 　34~35 쪽

1 세계

2 공동

3 공평할 공

4 모일 사

5 ①

6 ④

7 ②

누구나 만점 전략 36~37쪽

01
> 나의 소원은 ☐ 界 여행을
> 떠나는 것입니다.
> (家 / 世)

02 (1) 지경 계   (2) 이할 리

03 동등

04 ③

05 ①

06 公 平

07 ②

08 ②

09 ③

10 ①

창의·융합·코딩 전략 ❶ 38~39쪽

1 공공장소에서는 조용히 해야 한다. 등

2 공생

창의·융합·코딩 전략 ❷ 40~43쪽

1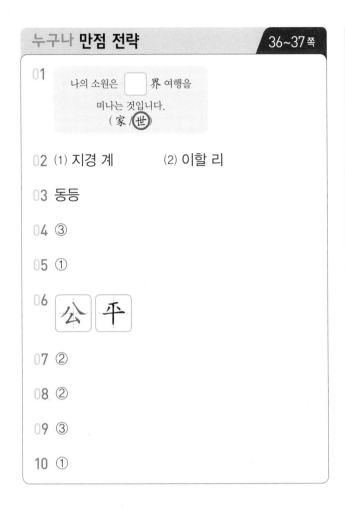

2

3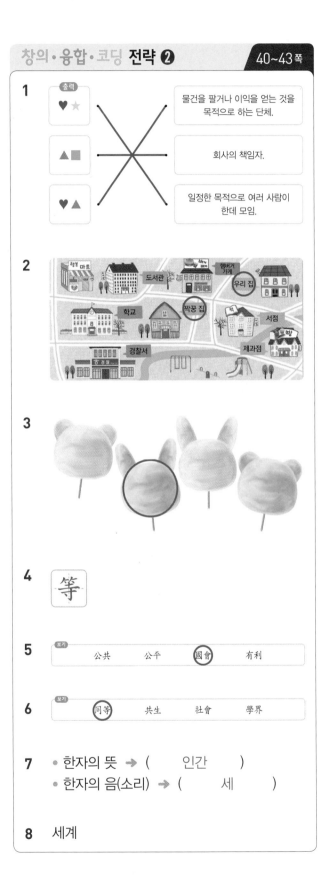

4 等

5 보기 公共 公平 國會 有利

6 보기 同等 共生 社會 學界

7 • 한자의 뜻 ➡ (인간)
  • 한자의 음(소리) ➡ (세)

8 세계

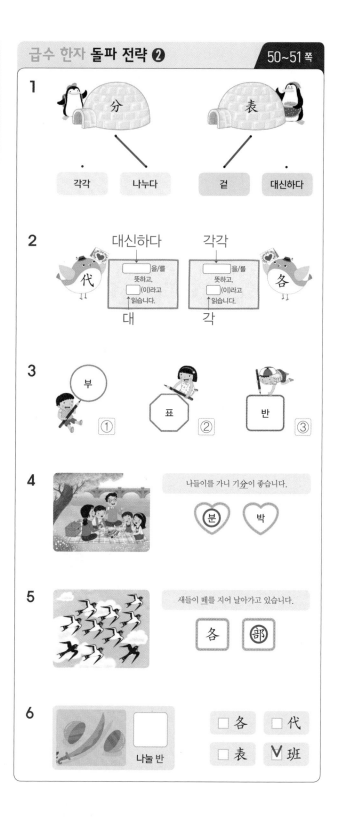

2주 02일

급수 한자어 대표 전략 ❷ 62~63쪽

1

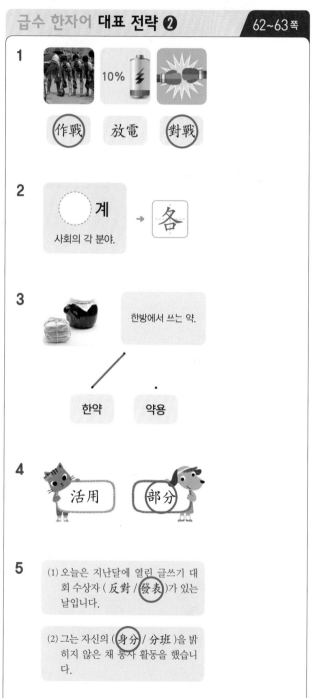

作戰   放電   對戰

2

◯ 계 → 各

사회의 각 분야.

3

한방에서 쓰는 약.

한약   약용

4

活用   部分

5
(1) 오늘은 지난달에 열린 글쓰기 대회 수상자 (反對 /⟨發表⟩)가 있는 날입니다.

(2) 그는 자신의 (⟨身分⟩/ 分班)을 밝히지 않은 채 봉사 활동을 했습니다.

6

어떤 일을 집단을 대신하여서 하거나 그런 사람을 이르는 말.

서로 맞서서 싸움.

7

전	표	분	반
반	대	생	장
성	작	활	강
부	약	용	대

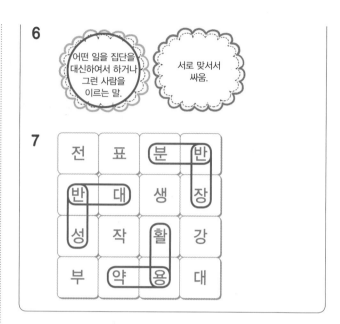

급수 시험 체크 전략 ❶ 64~67쪽

필수 예제 01
(1) 부분   (2) 한약   (3) 각계

필수 예제 02
(1) 약 약   (2) 겉 표   (3) 대할 대

필수 예제 03
(1) ④   (2) ②   (3) ③

필수 예제 04
(1) ④   (2) ①   (3) ②

급수 시험 체크 전략 ❷　68~69쪽

1 대표

2 약용

3 쓸 용

4 떼 부

5 ①

6 ②

7 ③

누구나 만점 전략　70~71쪽

01 친구의 집과 내 집은
　　□ 對 방향입니다.
　　(ⓐ反 / 用)

02 (1) 각각 각　　(2) 대신할 대

03 반성

04 ②

05 ①

06  藥 用

07 ③

08 ①

09 ②

10 ③

창의·융합·코딩 전략 ❶　72~73쪽

1  班 , 分

2 藥 用

창의·융합·코딩 전략 ❷　74~77쪽

1 • ▲■ ➡ 反 對

　• 한자어의 음(소리) ➡ (　반대　)

2 (1) ㉡　　　　(2) ㉣

3 省

4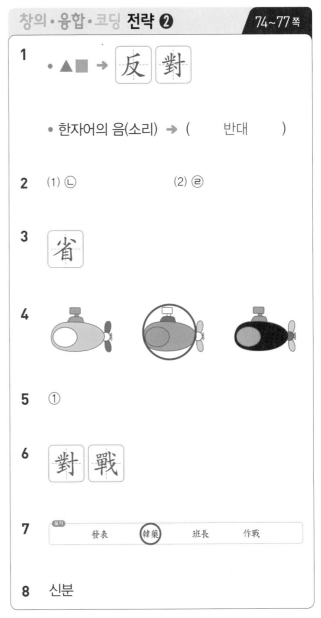

5 ①

6 對 戰

7 보기
　發表　　韓藥　　班長　　作戰

8 신분

신유형·신경향·서술형 전략 | 80~83쪽

1 ❶ <보기> ⊙무리 나라 인간 지경

❷
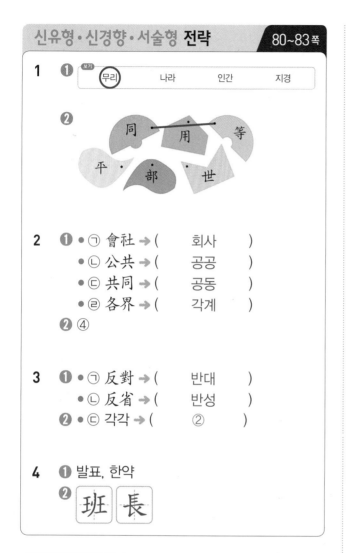

同 — 用 · 等
平 · 部 · 世

2 ❶ • ㉠ 會社 ➡ (회사)
• ㉡ 公共 ➡ (공공)
• ㉢ 共同 ➡ (공동)
• ㉣ 各界 ➡ (각계)
❷ ④

3 ❶ • ㉠ 反對 ➡ (반대)
• ㉡ 反省 ➡ (반성)
❷ • ㉢ 각각 ➡ (②)

4 ❶ 발표, 한약
❷ 班 長

적중 예상 전략 1회 | 84~87쪽

01	학계	09	國民
02	회동	10	九月
03	평평할 평	11	공평
04	인간 세	12	사장
05	②	13	①
06	①	14	③
07	②	15	②
08	③	16	③

적중 예상 전략 2회 | 88~91쪽

01	대전	09	萬人
02	반장	10	室外
03	쓸 용	11	대표
04	겉 표	12	각계
05	①	13	③
06	②	14	①
07	①	15	③
08	④	16	②

교과 학습 한자어 전략 | 92~95쪽

1
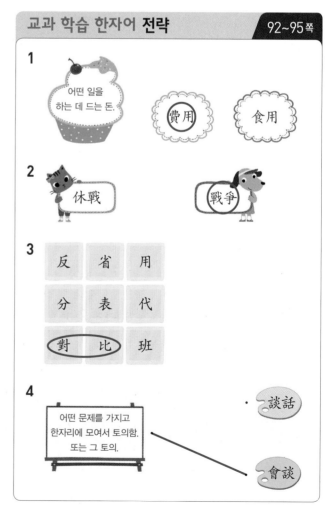

어떤 일을 하는 데 드는 돈.

費用 食用

2 休戰 戰爭

3
反	省	用
分	表	代
對	比	班

4
어떤 문제를 가지고 한자리에 모여서 토의함. 또는 그 토의.

· 談話
· 會談

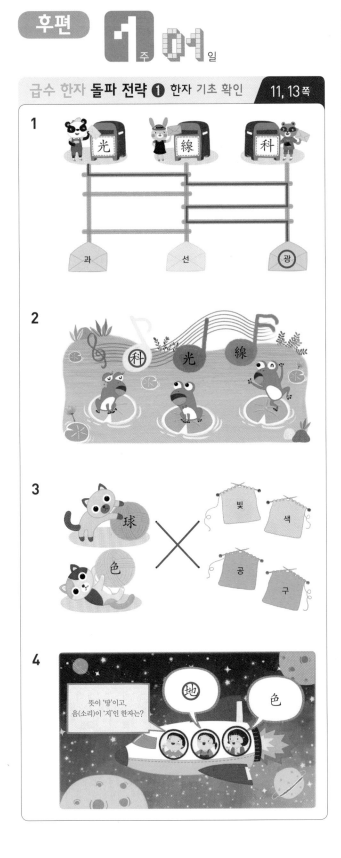

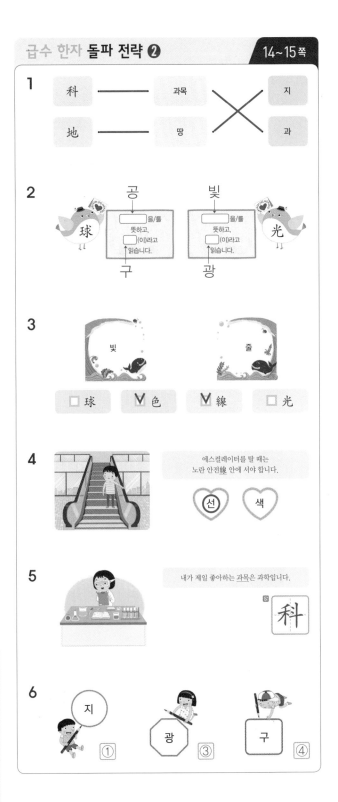

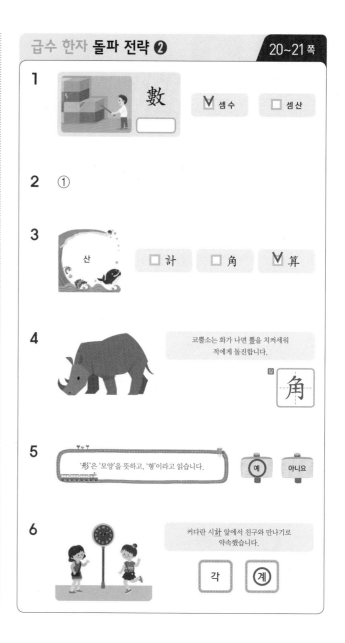

급수 한자어 **대표 전략 ❷** 26~27쪽

1 '科學(과학)'은 '관찰과 실험과 같은 방법으로 얻어 낸 자연계에 관한 체계적 지식.'을 뜻합니다. → **예**

2
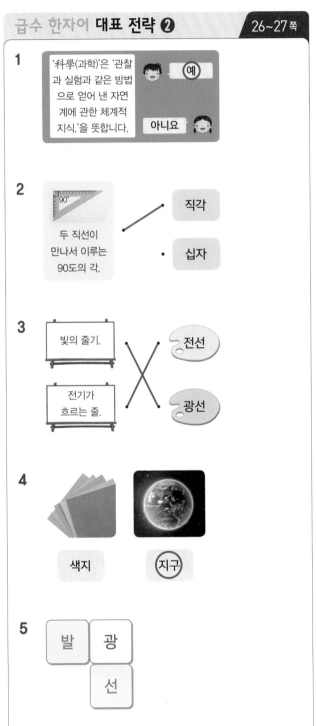

두 직선이 만나서 이루는 90도의 각. — 직각

· 십자

3
빛의 줄기. ✕ 전선

전기가 흐르는 줄. 광선

4
색지   지구

5
발	광
	선

6

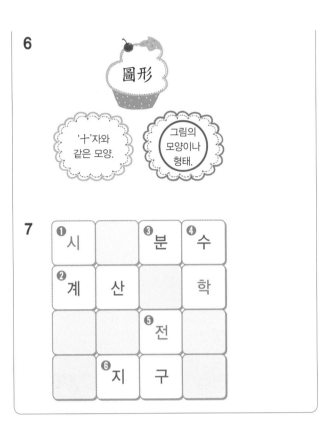

圖形

'十'자와 같은 모양.

그림의 모양이나 형태.

7

❶시		❸분	❹수
❷계	산		학
		❺전	
	❻지	구	

급수 시험 **체크 전략 ❶** 28~31쪽

필수 예제 01
(1) 전구   (2) 과학   (3) 전선

필수 예제 02
(1) 셀 계   (2) 공 구   (3) 빛 광

필수 예제 03
(1) ②   (2) ④   (3) ①

필수 예제 04
(1) ④   (2) ②   (3) ①

급수 시험 체크 전략 ❷ 32~33쪽

1 발광

2 색지

3 줄 선

4 과목 과

5 ③

6 ①

7 ②

누구나 만점 전략 34~35쪽

01

해時 □ 는 그림자를 관찰하여 시간을 재는 기구입니다.
(代 / 計)

02 (1) 모양 형   (2) 땅 지

03 전선

04 ②

05 ①

06  發 光

07 ③

08 ①

09 ③

10 ①

창의·융합·코딩 전략 ❶ 36~37쪽

1 지구

2 수학

창의·융합·코딩 전략 ❷ 38~41쪽

1 글자

2

보기
形   線   角   科

3 계산

4 전구

5 ③

6 시계

7 빛

8

2주 04일

급수 한자 **돌파 전략 ❶** 한자 기초 확인 `45, 47쪽`

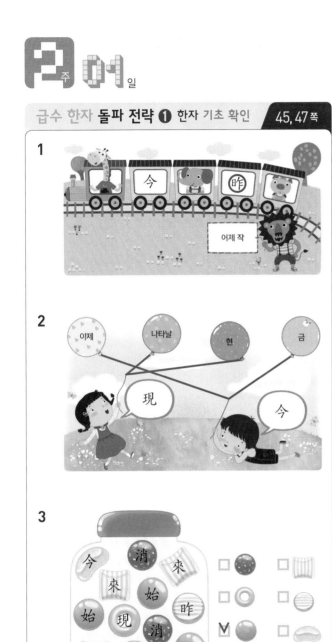

급수 한자 **돌파 전략 ❷** `48~49쪽`

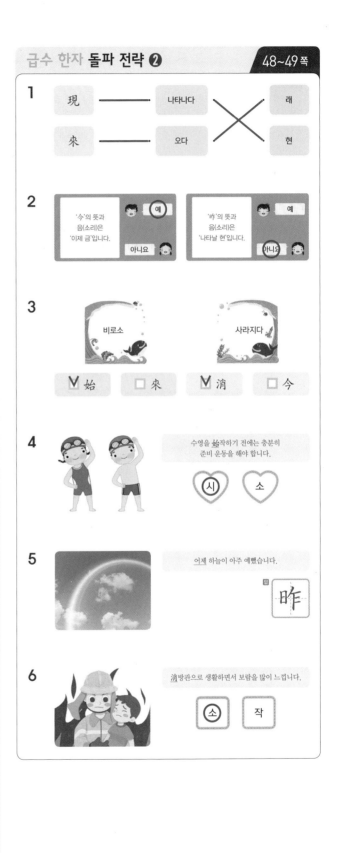

급수 한자어 대표 전략 ❷　60~61쪽

1

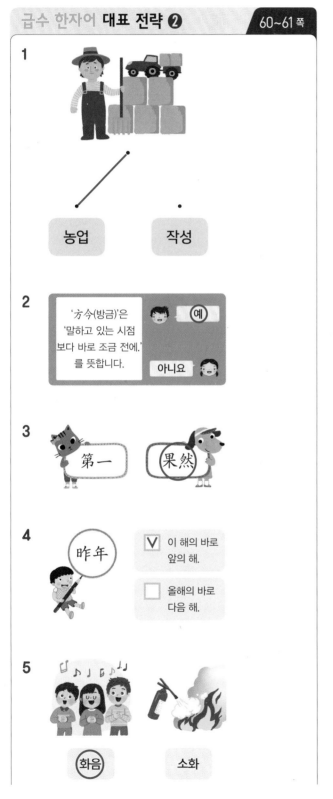

농업　　작성

2

'方今(방금)'은 '말하고 있는 시점보다 바로 조금 전에.'를 뜻합니다.

예

아니요

3

第一　　果然

4

昨年

☑ 이 해의 바로 앞의 해.

☐ 올해의 바로 다음 해.

5

화음　　소화

6

꾸준한 연습으로 줄넘기를 (成功 / 成果)했습니다.

7

표　현

대

급수 시험 체크 전략 ❶　62~65쪽

필수 예제 01

(1) 내년　　(2) 시작　　(3) 소화

필수 예제 02

(1) 공 공　　(2) 차례 제　　(3) 어제 작

필수 예제 03

(1) ②　　(2) ③　　(3) ①

필수 예제 04

(1) ④　　(2) ①　　(3) ③

급수 시험 체크 전략 ❷   66~67쪽

1 표현

2 화음

3 이제 금

4 올 래

5 ②

6 ②

7 ③

누구나 만점 전략   68~69쪽

01

깜짝 생일 파티 계획이
成 [ ] 했습니다.
(功 / 果)

02 (1) 실과 과   (2) 이제 금

03 작년

04 ①

05 ②

06 作 成

07 ①

08 ②

09 ③

10 ②

창의·융합·코딩 전략 ❶   70~71쪽

1 고속 열차

2 체력이 좋아진 느낌이 들어서.

창의·융합·코딩 전략 ❷   72~75쪽

1 오다

2 和 音

3 금

4

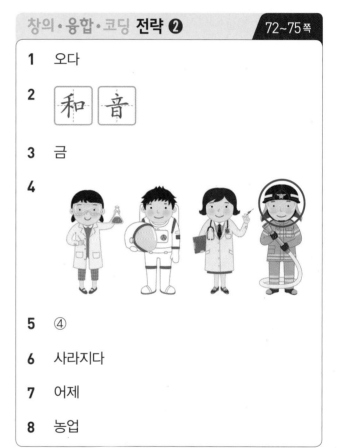

5 ④

6 사라지다

7 어제

8 농업

신유형·신경향·서술형 전략 78~81쪽

1 ❶ ☐ 電球　☑ 地球　☐ 圖形

❷ 빛 ———————— 光
　 땅 ———————— 地

2 ❶ 8

❷ 오름이의 하루 동안 **數學** 공부 시간은 총 2시간입니다. → 예 / **아니오**

3 ❶ • ㉠ 시작 ➡ (②)
　 ❷ • ㉡ 作年 ➡ (작년)
　　 • ㉢ 來年 ➡ (내년)
　　 • 올해의 키 ➡ (142)cm

4 ❶ • ㉠ 作成 ➡ (작성)
　　 • ㉡ 第一 ➡ (제일)
❷ 和音 ☑ ☐

적중 예상 전략 1회 82~85쪽

01	과학	09	三寸
02	지구	10	大門
03	과목 과	11	계산
04	뿔 각	12	직각
05	①	13	③
06	②	14	①
07	④	15	②
08	④	16	④

적중 예상 전략 2회 86~89쪽

01	시작	09	學生
02	작년	10	教室
03	사라질 소	11	제일
04	화할 화	12	성공
05	②	13	①
06	①	14	②
07	②	15	④
08	④	16	②

교과 학습 한자어 전략 90~93쪽

1 조선 시대에 관리를 뽑을 때 실시하던 시험. / 시험이나 검사 따위에 합격함.

2 '數億'의 뜻은 '억의 여러 배가 되는 수.'입니다. → **예** / 아니요

3 因果 ———— 원인과 결과를 아울러 이르는 말.
　　　 • 일이 생기게 된 원인이나 조건.

4 赤字 / 수입이 지출보다 많아 남은 이익이 생기는 일. / **지출이 수입보다 많은 상태. 즉 손해.**

家 집 가 부수 宀 | 총 10획	丶 宀 宀 宀 宀 宁 宁 宇 家 家 家 家 家 家								
歌 노래 가 부수 欠 | 총 14획	一 一 一 一 可 可 可 哥 哥 哥 哥 歌 歌 歌 歌 歌								
各 각각 각 부수 口 | 총 6획	丿 ク 夂 冬 各 各 各 各								
角 뿔 각 부수 角 | 총 7획	丿 刀 勹 角 角 角 角 角 角								
間 사이 간 부수 門 | 총 12획	丨 丨 丨 丨 丨 門 門 門 門 問 間 間 間 間								
江 강 강 부수 水(氵) | 총 6획	丶 丶 氵 氵 江 江 江 江								
車 수레 거 수레 차 부수 車 | 총 7획	一 一 一 百 百 亘 車 車 車								
計 셀 계 부수 言 | 총 9획	丶 丶 二 二 言 言 言 言 計 計 計								

| 界 | 지경 계 | ﹨ 口 曰 田 田 甼 界 界 界 |
| | 부수 田 \| 총 9획 | 界 界 |

| 高 | 높을 고 | ﹨ 亠 宀 亩 古 户 高 高 高 高 |
| | 부수 高 \| 총 10획 | 高 高 |

| 功 | 공 공 | 一 丁 工 巧 功 |
| | 부수 力 \| 총 5획 | 功 功 |

| 公 | 공평할 공 | 丿 八 公 公 |
| | 부수 八 \| 총 4획 | 公 公 |

| 空 | 빌 공 | ﹨ 丷 宀 宀 穴 空 空 空 |
| | 부수 穴 \| 총 8획 | 空 空 |

| 工 | 장인 공 | 一 丁 工 |
| | 부수 工 \| 총 3획 | 工 工 |

| 共 | 한가지 공 | 一 十 廿 丗 共 共 |
| | 부수 八 \| 총 6획 | 共 共 |

| 科 | 과목 과 | 丿 二 千 禾 禾 禾 禾 科 科 |
| | 부수 禾 \| 총 9획 | 科 科 |

果 실과 과 부수 木 | 총 8획	丨 冂 日 日 旦 甲 果 果 果
光 빛 광 부수 儿 | 총 6획	丨 丬 丬 少 业 半 光
教 가르칠 교 부수 攵(攴) | 총 11획	丿 メ 孝 差 差 孝 差 差 敎 敎 敎
校 학교 교 부수 木 | 총 10획	一 十 才 才 木 杧 杧 栌 栌 校
球 공 구 부수 玉(王) | 총 11획	一 二 干 王 王 玗 玗 球 球 球 球
九 아홉 구 부수 乙(乚) | 총 2획	丿 九
口 입 구 부수 口 | 총 3획	丨 冂 口
國 나라 국 부수 囗 | 총 11획	丨 冂 冂 冂 同 同 同 國 國 國 國

軍	군사 군	`丶` `冖` `冖` `冖` `冃` `冒` `宣` `軍`							
부수 車 | 총 9획		軍	軍						

今	이제 금	`丿` `人` `今` `今`							
부수 人 | 총 4획		今	今						

金	쇠 금| 성 김	`丿` `人` `今` `今` `全` `全` `金` `金`							
부수 金 | 총 8획		金	金						

急	급할 급	`丿` `⺈` `⺈` `刍` `刍` `争` `急` `急` `急`							
부수 心 | 총 9획		急	急						

旗	기 기	`丶` `亠` `�亠` `方` `方` `扩` `扩` `旃` `旃` `旄` `旗` `旗`							
부수 方 | 총 14획		旗	旗						

記	기록할 기	`丶` `二` `二` `言` `言` `言` `記` `記` `記`							
부수 言 | 총 10획		記	記						

氣	기운 기	`丿` `丿` `⺯` `气` `气` `气` `氘` `氣` `氣` `氣`							
부수 气 | 총 10획		氣	氣						

男	사내 남	`丶` `口` `日` `田` `田` `罗` `男`							
부수 田 | 총 7획		男	男						

| 南 | 남녘 남 | 一 十 十 内 内 南 南 南 南 | | | | | | | |
| | 부수 十 \| 총 9획 | 南 南 | | | | | | | |

| 内 | 안 내 | 丨 冂 内 内 | | | | | | | |
| | 부수 入 \| 총 4획 | 内 内 | | | | | | | |

| 女 | 여자 녀 | 乚 女 女 | | | | | | | |
| | 부수 女 \| 총 3획 | 女 女 | | | | | | | |

| 年 | 해 년 | 丿 二 ㅌ ㅌ 午 年 | | | | | | | |
| | 부수 干 \| 총 6획 | 年 年 | | | | | | | |

| 農 | 농사 농 | 丶 冂 曰 曰 曲 曲 曲 芦 芦 芦 農 農 農 | | | | | | | |
| | 부수 辰 \| 총 13획 | 農 農 | | | | | | | |

| 短 | 짧을 단 | 丿 仁 仁 仨 矢 矢 矢 知 知 知 短 短 | | | | | | | |
| | 부수 矢 \| 총 12획 | 短 短 | | | | | | | |

| 答 | 대답 답 | 丿 仁 仁 仨 竹 竹 竺 笁 笁 答 答 答 | | | | | | | |
| | 부수 竹(⺮) \| 총 12획 | 答 答 | | | | | | | |

| 堂 | 집 당 | 丨 丷 丷 丷 尚 尚 常 告 堂 堂 堂 | | | | | | | |
| | 부수 土 \| 총 11획 | 堂 堂 | | | | | | | |

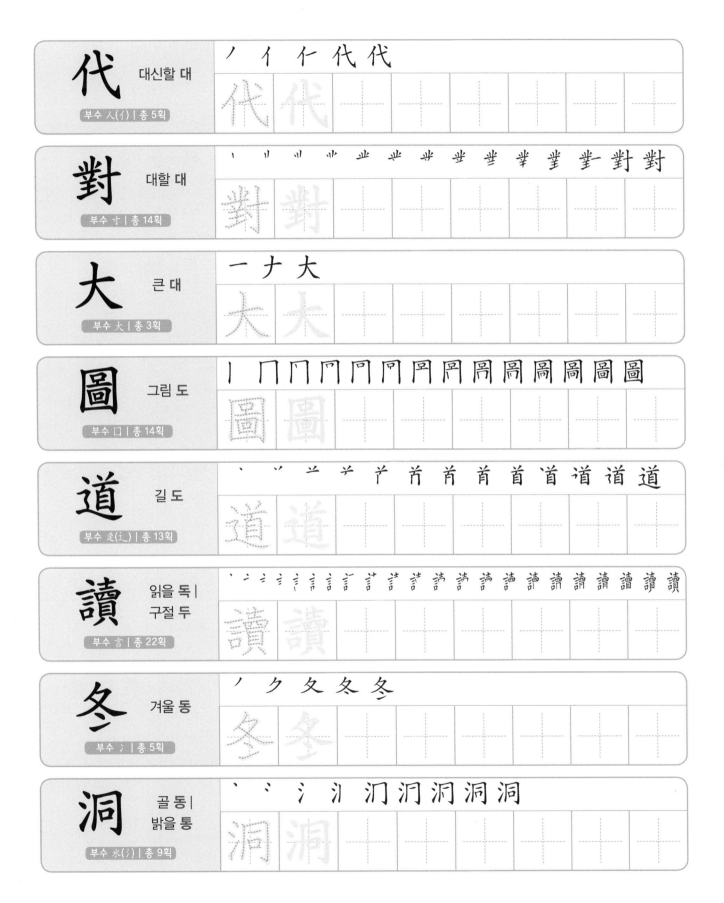

代 대신할 대 부수 人(亻) | 총 5획	ノ 亻 亻 代 代
對 대할 대 부수 寸 | 총 14획	丶 丷 丷 业 业 业 业 业 掌 掌 掌 對 對 對
大 큰 대 부수 大 | 총 3획	一 ナ 大
圖 그림 도 부수 口 | 총 14획	丨 冂 冂 冋 冋 冋 呙 咼 咼 昌 昌 昌 圖 圖
道 길 도 부수 辵(辶) | 총 13획	丶 丷 丷 丷 产 产 首 首 首 渞 渞 渞 道
讀 읽을 독|구절 두 부수 言 | 총 22획	丶 丶 亠 亖 言 言 言 言 言 言 讀 讀 讀 讀 讀 讀 讀 讀 讀 讀 讀
冬 겨울 동 부수 冫 | 총 5획	ノ 夂 夂 冬 冬
洞 골 동|밝을 통 부수 水(氵) | 총 9획	丶 丶 氵 氵 沑 沑 洞 洞 洞

東 동녘 동 부수 木 | 총 8획	一 厂 厂 戸 百 百 東 東 東
童 아이 동 부수 立 | 총 12획	` 亠 丅 立 产 音 音 音 音 童 童
動 움직일 동 부수 力 | 총 11획	` 亠 亽 台 台 台 重 重 重 動 動
同 한가지 동 부수 口 | 총 6획	丨 冂 冂 同 同 同
等 무리 등 부수 竹(⺮) | 총 12획	丿 𠂉 𠂉 竹 竹 竹 竺 竺 笙 笙 等 等
登 오를 등 부수 癶 | 총 12획	丿 コ ヲ ヺ ヺ 癶 癶 癶 癶 登 登 登
樂 즐길 락 | 노래 악 | 좋아할 요 부수 木 | 총 15획	` 亻 白 白 白 伯 绐 绐 鄉 鄉 鄉 樂 樂 樂
來 올 래 부수 人 | 총 8획	一 厂 厂 厃 厎 厼 來 來 來

| 力 힘 력
부수 力 \| 총 2획 | フ 力 |
| | 力 力 |

| 老 늙을 로
부수 老 \| 총 6획 | 一 十 土 耂 耂 老 |
| | 老 老 |

| 六 여섯 륙
부수 八 \| 총 4획 | 丶 亠 六 六 |
| | 六 六 |

| 理 다스릴 리
부수 玉(王) \| 총 11획 | 一 二 三 千 王 珇 玑 玾 珇 理 理 |
| | 理 理 |

| 里 마을 리
부수 里 \| 총 7획 | 丨 冂 曰 曰 旦 甲 里 |
| | 里 里 |

| 利 이할 리
부수 刀(刂) \| 총 7획 | 丿 二 千 禾 禾 利 利 |
| | 利 利 |

| 林 수풀 림
부수 木 \| 총 8획 | 一 十 才 木 朾 村 材 林 |
| | 林 林 |

| 立 설 립
부수 立 \| 총 5획 | 丶 亠 六 立 立 |
| | 立 立 |

萬 일만 만 부수 艸(艹) | 총 13획	一 十 甘 甘 甘 苗 苗 苗 莒 萬 萬 萬 萬
萬	萬
每 매양 매 부수 母 | 총 7획	ノ ヒ 仁 与 每 每 每
每	每
面 낯 면 부수 面 | 총 9획	一 一 厂 历 而 而 而 面 面
面	面
命 목숨 명 부수 口 | 총 8획	ノ 人 合 合 合 合 命 命
命	命
明 밝을 명 부수 日 | 총 8획	丨 冂 日 日 旫 明 明 明
明	明
名 이름 명 부수 口 | 총 6획	ノ ク タ タ 名 名
名	名
母 어머니 모 부수 母 | 총 5획	ㄴ 乚 母 母 母
母	母
木 나무 목 부수 木 | 총 4획	一 十 オ 木
木	木

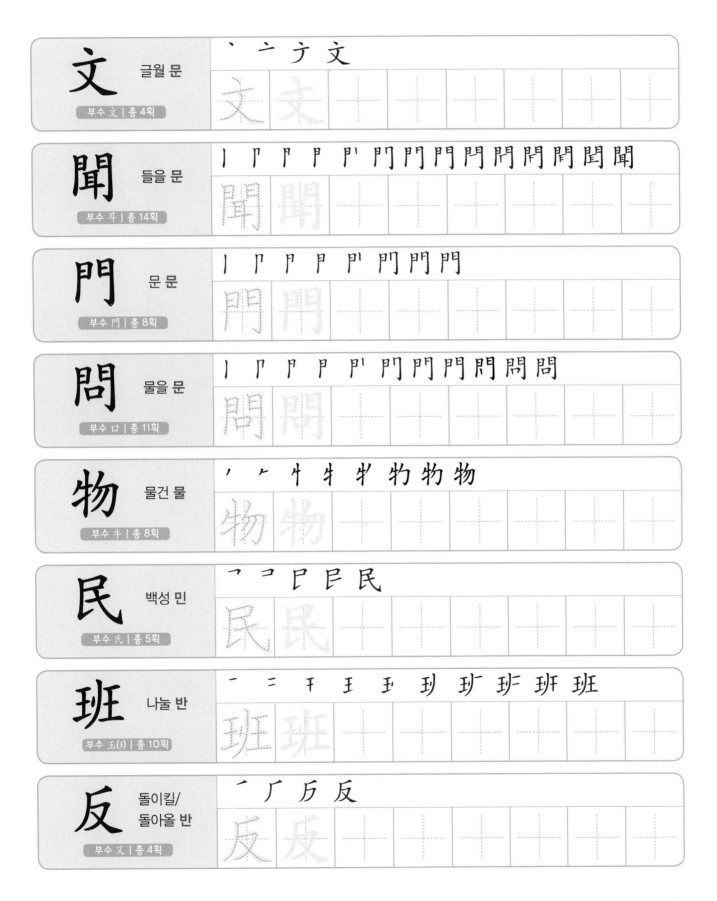

文	글월 문	부수 文 | 총 4획	` 一 亠 文
聞	들을 문	부수 耳 | 총 14획	丨 丨 门 门 门 門 門 門 門 門 門 門 聞 聞
門	문 문	부수 門 | 총 8획	丨 丨 门 门 門 門 門 門
問	물을 문	부수 口 | 총 11획	丨 丨 门 门 門 門 門 門 門 問 問
物	물건 물	부수 牛 | 총 8획	` ノ 牛 牛 牛 牜 物 物
民	백성 민	부수 氏 | 총 5획	ㄱ ㄱ 尸 尺 民
班	나눌 반	부수 玉(王) | 총 10획	一 二 干 王 玉 玨 玨 班 班 班
反	돌이킬/돌아올 반	부수 又 | 총 4획	一 厂 反 反

半	반 반	╱ ⺍ ⺊ ⺌ 半							
부수 十 | 총 5획		半	半						

發	필 발	╯ ╕ ⺕ ⺘ 癶 癶 癶 癹 發 發 發 發							
부수 癶 | 총 12획		發	發						

放	놓을 방	╲ ⺀ ⺜ 方 方 放 放 放							
부수 攴(攵) | 총 8획		放	放						

方	모 방	╲ 一 亓 方							
부수 方 | 총 4획		方	方						

百	일백 백	一 亠 亍 丆 百 百							
부수 白 | 총 6획		百	百						

白	흰 백	╱ ⺀ ⺁ 白 白							
부수 白 | 총 5획		白	白						

部	떼 부	╲ ⺀ ⺍ 产 立 产 咅 咅 咅 部 部							
부수 邑(阝) | 총 11획		部	部						

夫	지아비 부	一 二 丯 夫							
부수 大 | 총 4획		夫	夫						

| 父 | 아버지 부 | ㅡ ㅡ ㅜ 父 |
| 부수 父 \| 총 4획 | | 父 父 |

| 北 | 북녘 북 \| 달아날 배 | ㅣ ㅓ ㅓ ㅓ 北 |
| 부수 匕 \| 총 5획 | | 北 北 |

| 分 | 나눌 분 | ㅡ 八 分 分 |
| 부수 刀 \| 총 4획 | | 分 分 |

| 不 | 아니 불 | ㅡ ㅜ ㅜ 不 |
| 부수 不 \| 총 4획 | | 不 不 |

| 四 | 넉 사 | ㅣ ㄇ ㄇ 四 四 |
| 부수 囗 \| 총 5획 | | 四 四 |

| 社 | 모일 사 | ㅡ ㅡ ㅜ ㅜ ㅜ ㅜ 社 社 |
| 부수 示 \| 총 8획 | | 社 社 |

| 事 | 일 사 | ㅡ ㅡ ㅜ ㅜ ㅜ 事 事 事 |
| 부수 亅 \| 총 8획 | | 事 事 |

| 算 | 셈 산 | ㅣ ㅓ ㅓ ㅓ 竹 竹 竹 笞 笞 笞 管 算 算 |
| 부수 竹(竹) \| 총 14획 | | 算 算 |

| 山 메 산 | ㅣ 凵 山 | | | | | | | | |
| 부수 山 \| 총 3획 | 山 山 | | | | | | | | |

| 三 석 삼 | 一 二 三 | | | | | | | | |
| 부수 一 \| 총 3획 | 三 三 | | | | | | | | |

| 上 윗 상 | ㅣ 卜 上 | | | | | | | | |
| 부수 一 \| 총 3획 | 上 上 | | | | | | | | |

| 色 빛 색 | ノ 彡 夕 タ 多 色 | | | | | | | | |
| 부수 色 \| 총 6획 | 色 色 | | | | | | | | |

| 生 날 생 | ノ 彡 二 牛 生 | | | | | | | | |
| 부수 生 \| 총 5획 | 生 生 | | | | | | | | |

| 書 글 서 | フ ㄱ ㅋ ㅌ 聿 書 書 書 書 書 | | | | | | | | |
| 부수 曰 \| 총 10획 | 書 書 | | | | | | | | |

| 西 서녘 서 | 一 丆 丙 西 西 西 | | | | | | | | |
| 부수 襾 \| 총 6획 | 西 西 | | | | | | | | |

| 夕 저녁 석 | ノ ク 夕 | | | | | | | | |
| 부수 夕 \| 총 3획 | 夕 夕 | | | | | | | | |

先 먼저 선 부수 儿 | 총 6획	ノ ノ ヒ 午 生 先 先
線 줄 선 부수 糸 | 총 15획	㇂ ㇂ ㌆ 幺 糸 糸 糸 糹 糹 綿 綿 綿 綿 線 線 線
雪 눈 설 부수 雨 | 총 11획	一 ㇀ ㇅ ㅏ 市 雨 雨 雪 雪 雪 雪
省 살필 성| 덜 생 부수 目 | 총 9획	㇀ ㇀ 小 小 少 少 省 省 省
姓 성 성 부수 女 | 총 8획	㇂ ㇁ 女 女 女 姓 姓 姓
成 이룰 성 부수 戈 | 총 7획	ノ ㇀ 厂 FT 万 成 成 成
世 인간 세 부수 一 | 총 5획	一 十 卅 卅 世
所 바 소 부수 戶 | 총 8획	㇀ ㇁ ㇈ 戸 戶 所 所 所

消 사라질 소 부수 水(氵) | 총 10획	丶 丶 氵 氵 氵 沪 沪 消 消 消 消 消
小 작을 소 부수 小 | 총 3획	亅 小 小 小 小
少 적을 소 부수 小 | 총 4획	亅 小 小 少 少 少
手 손 수 부수 手 | 총 4획	一 二 三 手 手 手
數 셈 수 부수 攵(攴) | 총 15획	丶 丨 口 田 田 吕 吕 串 婁 婁 婁 數 數 數 數 數 數
水 물 수 부수 水 | 총 4획	亅 刀 水 水 水 水
術 재주 술 부수 行 | 총 11획	丶 丿 彳 彳 彳 朮 朮 秫 秫 術 術 術 術
時 때 시 부수 日 | 총 10획	丨 冂 日 日 旷 旷 旷 旷 時 時 時 時

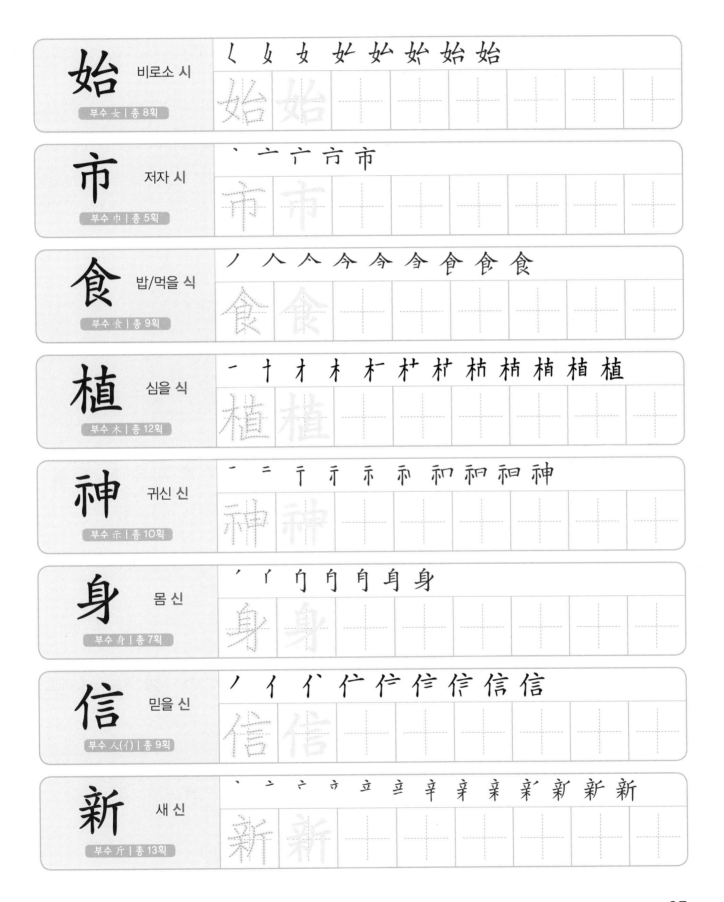

| 始 | 비로소 시 | く | く | 女 | 女 | 女 | 始 | 始 | 始 | | | |
| 부수 女 \| 총 8획 | | 始 | 始 | | | | | | | | | |

| 市 | 저자 시 | ` | 一 | 亠 | 市 | 市 | | | | | | |
| 부수 巾 \| 총 5획 | | 市 | 市 | | | | | | | | | |

| 食 | 밥/먹을 식 | ノ | 人 | 入 | 今 | 今 | 食 | 食 | 食 | 食 | | |
| 부수 食 \| 총 9획 | | 食 | 食 | | | | | | | | | |

| 植 | 심을 식 | 一 | 十 | オ | 木 | 木 | 村 | 柞 | 柚 | 楠 | 植 | 植 |
| 부수 木 \| 총 12획 | | 植 | 植 | | | | | | | | | |

| 神 | 귀신 신 | 一 | 二 | テ | 示 | 示 | 市 | 利 | 初 | 神 | | |
| 부수 示 \| 총 10획 | | 神 | 神 | | | | | | | | | |

| 身 | 몸 신 | ` | イ | 勹 | 自 | 自 | 身 | 身 | | | | |
| 부수 身 \| 총 7획 | | 身 | 身 | | | | | | | | | |

| 信 | 믿을 신 | ノ | イ | 亻 | 仁 | 亻 | 信 | 信 | 信 | 信 | | |
| 부수 人(亻) \| 총 9획 | | 信 | 信 | | | | | | | | | |

| 新 | 새 신 | ` | 二 | 亠 | 立 | 立 | 辛 | 辛 | 亲 | 亲 | 新 | 新 | 新 |
| 부수 斤 \| 총 13획 | | 新 | 新 | | | | | | | | | |

室 집실 부수 宀 | 총 9획	丶 丶 宀 宀 宀 宏 宏 室 室 室 室
心 마음 심 부수 心 | 총 4획	丶 心 心 心 心 心
十 열 십 부수 十 | 총 2획	一 十 十 十
安 편안 안 부수 宀 | 총 6획	丶 丶 宀 宀 安 安 安 安
藥 약 약 부수 艸(艹) | 총 19획	一 十 艹 艹 艹 艹 芦 芦 苩 茖 茖 茖 薴 薴 蕐 蕐 藥 藥 藥 藥
弱 약할 약 부수 弓 | 총 10획	丶 丶 弓 弓 弓 弱 弱 弱 弱 弱 弱 弱
語 말씀 어 부수 言 | 총 14획	丶 丶 亠 言 言 言 言 訂 訊 語 語 語 語 語 語
業 업 업 부수 木 | 총 13획	丶 丬 丬 业 业 业 业 业 堂 堂 業 業 業 業

然 그럴 연 부수 火(灬) | 총 12획	ノ クタ タ タ 如 外 奸 然 然 然 然 然 然 然
午 낮 오 부수 十 | 총 4획	ノ ヒ ニ 午 午 午
五 다섯 오 부수 二 | 총 4획	一 丁 万 五 五 五
王 임금 왕 부수 王(玉) | 총 4획	一 二 千 王 王 王
外 바깥 외 부수 夕 | 총 5획	ノ クタ 列 外 外 外
勇 날랠 용 부수 力 | 총 9획	フ マ マ 乃 乃 甬 甬 勇 勇 勇 勇
用 쓸 용 부수 用 | 총 5획	ノ 刀 月 月 用 用 用
右 오를/ 오른(쪽) 우 부수 口 | 총 5획	ノ ナ オ 右 右 右 右

運 옮길 운 부수 辵(辶) | 총 13획	` ` `冖` `冖` `宀` `目` `月` `月` `宣` `軍` `軍` `渾` `渾` `運`
月 달 월 부수 月 | 총 4획	`丿` `刀` `月` `月`
有 있을 유 부수 月 | 총 6획	`丿` `ナ` `ナ` `オ` `有` `有`
育 기를 육 부수 肉(月) | 총 8획	`丶` `亠` `云` `云` `产` `育` `育` `育`
飮 마실 음 부수 食(飠) | 총 13획	`丿` `人` `卜` `今` `今` `今` `自` `争` `食` `食` `飲` `飲` `飮`
音 소리 음 부수 音 | 총 9획	`丶` `二` `云` `宀` `立` `产` `音` `音` `音`
邑 고을 읍 부수 邑 | 총 7획	`丶` `口` `口` `吕` `吊` `吊` `邑`
意 뜻 의 부수 心 | 총 13획	`丶` `二` `云` `宀` `立` `产` `音` `音` `音` `音` `意` `意` `意`

二 두 이 부수 二 | 총 2획	一 二
人 사람 인 부수 人 | 총 2획	ノ 人
一 한 일 부수 一 | 총 1획	一
日 날 일 부수 日 | 총 4획	丨 冂 日 日
入 들 입 부수 入 | 총 2획	ノ 入
字 글자 자 부수 子 | 총 6획	` ⺊ 宀 字 字 字
自 스스로 자 부수 自 | 총 6획	′ 亻 冂 自 自 自
子 아들 자 부수 子 | 총 3획	⺅ 了 子

昨	어제 작	丨 冂 冃 日 日 昨 昨 昨 昨
	부수 日 | 총 9획	昨 昨

作	지을 작	丿 亻 亻 仁 仁 作 作
	부수 人(亻) | 총 7획	作 作

長	긴 장	丨 丆 厂 下 토 長 長 長
	부수 長 | 총 8획	長 長

場	마당 장	一 十 土 圠 圿 圽 坦 坦 坦 場 場 場
	부수 土 | 총 12획	場 場

才	재주 재	一 十 才
	부수 手(扌) | 총 3획	才 才

電	번개 전	一 冖 冖 冖 币 雨 雨 雨 雪 雷 雷 雷 電
	부수 雨 | 총 13획	電 電

戰	싸움 전	丶 丶 冖 吅 吅 吅 吅 骂 罤 置 單 單 戰 戰 戰
	부수 戈 | 총 16획	戰 戰

前	앞 전	丶 丷 半 广 前 前 前 前
	부수 刀(刂) | 총 9획	前 前

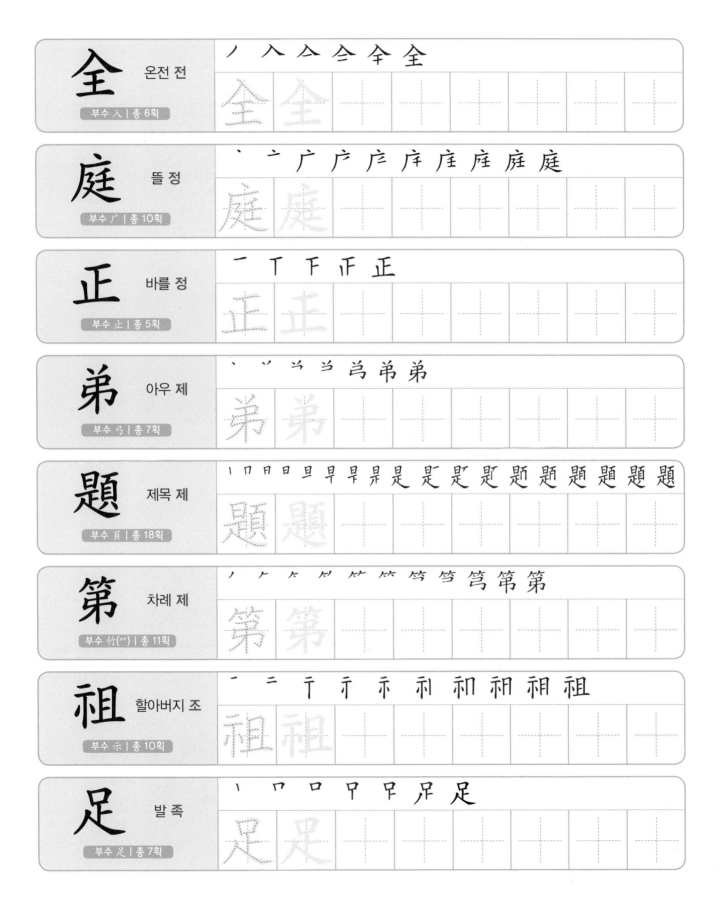

全	온전 전 부수 入 | 총 6획	ノ 人 今 今 全 全
庭	뜰 정 부수 广 | 총 10획	丶 广 广 庐 庐 庭 庭 庭 庭
正	바를 정 부수 止 | 총 5획	一 丁 下 正 正
弟	아우 제 부수 弓 | 총 7획	丶 ソ 丷 当 弟 弟 弟
題	제목 제 부수 頁 | 총 18획	丨 冂 日 旦 早 早 是 是 是 是 題 題 題 題 題 題
第	차례 제 부수 竹(⺮) | 총 11획	ノ 亇 亇 竹 竺 竺 笃 笃 第 第
祖	할아버지 조 부수 示 | 총 10획	一 二 千 千 示 利 初 初 祖 祖
足	발 족 부수 足 | 총 7획	丶 口 口 口 무 무 足 足

左	왼 좌 부수 工 | 총 5획	一 ナ 土 左 左
注	부을 주 부수 水(氵) | 총 8획	` ` 氵 氵 汗 泮 注 注
主	임금/ 주인 주 부수 丶 | 총 5획	` ` 二 主 主
住	살 주 부수 人(亻) | 총 7획	丿 亻 亻 仁 仁 住 住
中	가운데 중 부수 ｜ | 총 4획	` 口 口 中
重	무거울 중 부수 里 | 총 9획	丿 二 千 千 舌 舌 重 重 重
地	땅 지 부수 土 | 총 6획	一 十 土 圤 圳 地
紙	종이 지 부수 糹 | 총 10획	` 幺 幺 糸 糸 糸 糽 紅 紙 紙

直 곧을 직 부수 目	총 8획	一 十 十 古 古 直 直 直
集 모을 집 부수 隹	총 12획	ノ イ イ 乍 乍 乍 佳 隹 隼 隼 集 集
窓 창 창 부수 穴	총 11획	丶 丶 宀 宀 空 空 空 空 窓 窓 窓
川 내 천 부수 巛	총 3획	ノ 刀 川
千 일천 천 부수 十	총 3획	ノ 二 千
天 하늘 천 부수 大	총 4획	一 二 于 天
清 맑을 청 부수 水(氵)	총 11획	丶 丶 氵 氵 氵 浐 浐 清 清 清 清
青 푸를 청 부수 青	총 8획	一 二 丰 丰 丰 青 青 青

| 體 몸 체 | 丨 冂 冂 冃 骨 骨 骨 骨 骨 骨 骨 骨 骨 體 體 體 體 體 體 體 體 體 體 |
| 부수 骨 \| 총 23획 | 體 體 |

| 草 풀 초 | 一 十 卝 艹 艹 芍 芒 苩 草 草 |
| 부수 艸(艹) \| 총 10획 | 草 草 |

| 寸 마디 촌 | 一 寸 寸 |
| 부수 寸 \| 총 3획 | 寸 寸 |

| 村 마을 촌 | 一 十 才 木 杧 村 村 |
| 부수 木 \| 총 7획 | 村 村 |

| 秋 가을 추 | 一 二 千 禾 禾 禾 秒 秒 秋 |
| 부수 禾 \| 총 9획 | 秋 秋 |

| 春 봄 춘 | 一 二 三 仨 丰 丰 青 重 重 |
| 부수 日 \| 총 9획 | 春 春 |

| 出 날 출 | 丨 屮 屮 出 出 |
| 부수 凵 \| 총 5획 | 出 出 |

| 七 일곱 칠 | 一 七 |
| 부수 一 \| 총 2획 | 七 七 |

| 土 | 흙 토 | 一 十 土 |
| 부수 土 \| 총 3획 | | |

| 八 | 여덟 팔 | ノ 八 |
| 부수 八 \| 총 2획 | | |

| 便 | 편할 편 \| 똥오줌 변 | ノ イ イ イ イ 佰 佰 便 便 |
| 부수 人(亻) \| 총 9획 | | |

| 平 | 평평할 평 | 一 ㄱ ㅠ 兲 平 |
| 부수 干 \| 총 5획 | | |

| 表 | 겉 표 | 一 二 �キ 主 丰 表 表 表 |
| 부수 衣 \| 총 8획 | | |

| 風 | 바람 풍 | ノ 几 几 凡 凡 尽 風 風 風 |
| 부수 風 \| 총 9획 | | |

| 下 | 아래 하 | 一 丁 下 |
| 부수 一 \| 총 3획 | | |

| 夏 | 여름 하 | 一 一 厂 厅 百 百 百 頁 夏 夏 |
| 부수 夊 \| 총 10획 | | |

| 學 | 배울 학
부수 子 \| 총 16획 | ´ ´ ´ ´ ´ ´ ´ ´ 幵 幵 幵 幵 幵 幵 與 學 學 學
學 學 | | | | |

| 韓 | 한국/
나라 한
부수 韋 \| 총 17획 | 一 十 十 古 古 古 直 卓 卓 卓 韩 韩 韩 韓 韓 韓
韓 韓 | | | | |

| 漢 | 한수/
한나라 한
부수 水(氵) \| 총 14획 | ` ` ` 氵 氵 氵 汁 汁 汁 渟 渟 渟 漢 漢
漢 漢 | | | | |

| 海 | 바다 해
부수 水(氵) \| 총 10획 | ` ` 氵 氵 汒 汒 海 海 海 海
海 海 | | | | |

| 幸 | 다행 행
부수 干 \| 총 8획 | 一 十 土 卋 卋 卋 幸 幸
幸 幸 | | | | |

| 現 | 나타날 현
부수 玉(王) \| 총 11획 | 一 二 干 王 玎 玎 玎 玎 玥 玥 現
現 現 | | | | |

| 形 | 모양 형
부수 彡 \| 총 7획 | 一 二 干 开 开 形 形
形 形 | | | | |

| 兄 | 형 형
부수 儿 \| 총 5획 | ` 丶 口 口 尸 兄
兄 兄 | | | | |

| 花 | 꽃 화 | 一 + 艹 艹 艻 花 花 |
| | 부수 艸(艹) \| 총 8획 | 花 花 |

| 話 | 말씀 화 | ` ` 亠 亖 言 言 言 訁 訐 訐 話 話 |
| | 부수 言 \| 총 13획 | 話 話 |

| 火 | 불 화 | ` ` 少 火 火 |
| | 부수 火 \| 총 4획 | 火 火 |

| 和 | 화할 화 | 一 二 千 禾 禾 利 和 和 |
| | 부수 口 \| 총 8획 | 和 和 |

| 活 | 살 활 | ` ` 氵 氵 汗 汗 汗 活 活 |
| | 부수 水(氵) \| 총 9획 | 活 活 |

| 會 | 모일 회 | 丿 人 人 스 쇼 슌 命 命 會 會 會 會 |
| | 부수 曰 \| 총 13획 | 會 會 |

| 孝 | 효도 효 | 一 + 土 耂 芳 孝 孝 |
| | 부수 子 \| 총 7획 | 孝 孝 |

| 後 | 뒤 후 | ` ` 彳 彳 彳 衫 衫 後 後 |
| | 부수 彳 \| 총 9획 | 後 後 |

休 쉴 휴 부수 人(亻) | 총 6획	ノ イ イ 什 付 休						
	休	休					

한자능력검정시험 6급Ⅱ 모의평가 문제지

*** 6級과 6級Ⅱ는 서로 다른 급수입니다. 반드시 지원 급수를 다시 확인하세요. ***

6級Ⅱ

| 80문항 | 50분 시험 | 시험일자 : 20○○. ○○. ○○ |

* 성명과 수험번호를 쓰고 문제지와 답안지는 함께 제출하세요.

성명 _____ 수험번호 □□□-□□-□□□□

[問 1~32] 다음 밑줄 친 漢字語의 讀音을 쓰세요.

〈보기〉
漢字 ➡ 한자

[1] 학교 주변 車道에서는 속도를 줄여야 합니다.

[2] 통신의 발달로 世界는 점점 가까워지고 있습니다.

[3] 저는 地圖를 잘 읽습니다.

[4] 인류에게 平和보다 중요한 것은 없습니다.

[5] 자기 전에 하루를 反省하는 시간을 갖습니다.

[6] 아버지는 花草를 정말 좋아하십니다.

[7] 공부할 때는 集中하는 습관을 가져야 합니다.

[8] 算數를 싫어했는데 선생님 덕분에 좋아하게 되었습니다.

[9] 두 학급으로 分班하여 공부했습니다.

[10] 대통령은 우리나라를 代表하는 분입니다.

[11] 모두가 사용하는 公共 시설은 깨끗하게 사용합니다.

[12] 옛날이야기에는 孝子가 많이 등장합니다.

[13] 환자에게는 心身의 안정이 필요합니다.

[14] 홈구장에서 경기를 하게 되면 홈 팀에게 有利합니다.

[15] 左右를 둘러보아도 강아지가 보이지 않았습니다.

[16] 옛날에는 農事가 제일 중요한 산업이었습니다.

[17] 유명한 現代 미술가의 작품들을 한눈에 감상할 수 있습니다.

[18] 어릴 때부터 食事 예절을 가르쳐야 합니다.

[19] 제 꿈은 좋은 <u>作家</u>가 되는 것입니다.

[20] 수술로 <u>光明</u>을 되찾은 환자가 눈물을 흘리고 있습니다.

[21] <u>各自</u> 맡은 일을 충실히 해야 합니다.

[22] 전기가 흐르는 선을 <u>電線</u>이라고 합니다.

[23] 우리와 <u>反對</u>되는 의견도 참고하여야 합니다.

[24] 시험지에는 <u>姓名</u>을 정확히 써야 합니다.

[25] 화장실을 깨끗이 <u>利用</u>합시다.

[26] 사각형과 원 같은 것을 <u>圖形</u>이라고 부릅니다.

[27] 비교 실험은 <u>同一</u> 조건에서 실시해야 합니다.

[28] 태양광을 이용한 <u>電氣</u> 생산이 늘고 있습니다.

[29] 터널 공사로 두 도시가 <u>直線</u>으로 연결되었습니다.

[30] 결승전에서 <u>果然</u> 어느 팀이 우승할지 궁금합니다.

[31] 학교에서 집으로 <u>出發</u>하였습니다.

[32] 저는 신나는 <u>音樂</u>을 좋아합니다.

[問 33~61] 漢字의 訓(훈: 뜻)과 音을 쓰세요.

〈보기〉
字 ➡ 글자 자

[33] 命

[34] 社

[35] 發

[36] 休

[37] 明

[38] 角

[39] 然

[40] 弱

[41] 林

[42] 信

[43] 老

〈계속〉

[44] 才

[45] 雪

[46] 藥

[47] 敎

[48] 昨

[49] 淸

[50] 歌

[51] 活

[52] 計

[53] 意

[54] 今

[55] 集

[56] 果

[57] 力

[58] 光

[59] 班

[60] 夫

[61] 消

[問 62~63] 다음 중 뜻이 서로 반대(또는 상대)되는 漢字끼리 연결되지 않은 것을 찾아 그 번호를 쓰세요.

[62] ① 先 ↔ 後 ② 長 ↔ 短
③ 洞 ↔ 里 ④ 天 ↔ 地

[63] ① 東 ↔ 西 ② 便 ↔ 重
③ 出 ↔ 入 ④ 大 ↔ 小

[問 64~65] 다음 문장에 어울리는 漢字語가 되도록 (   ) 안에 알맞은 漢字를 〈보기〉에서 찾아 그 번호를 쓰세요.

〈보기〉
① 部   ② 正   ③ 登   ④ 安

[64] 이 책은 마지막 (____)分이 제일 재미있습니다.

[65] 시골길을 걸으니 마음이 便(____)해 집니다.

[問 66~67] 다음 뜻에 맞는 漢字語를 〈보기〉에서 찾아 그 번호를 쓰세요.

〈보기〉
① 自白   ② 半球   ③ 北部
④ 形成   ⑤ 會計   ⑥ 等外

[66] 스스로 죄를 고백함.

[67] 정해진 등급 안에 들지 못한 바깥.

〈계속〉

[問 68~77] 다음 밑줄 친 漢字語를 漢字로 쓰세요.

[68] 해마다 여군이 되고 싶어 하는 사람들이 늘고 있습니다.

[69] 십년에 한번 올까 말까한 기회입니다.

[70] 부녀 사이가 아주 다정합니다.

[71] 우리 집안은 사촌끼리도 자주 만납니다.

[72] 칠월에 가족들과 여행을 갔습니다.

[73] 유럽의 여러 국가들은 왕실의 권위를 중요하게 생각합니다.

[74] 부모의 역할은 아무리 강조해도 지나치지 않습니다.

[75] 옆 집 형제는 둘이서 싸우지 않고 참 잘 놉니다.

[76] 우리나라에서는 보통 생일에 미역국을 먹습니다.

[77] 학교에서는 다양한 것을 배웁니다.

[問 78~80] 다음 漢字의 짙게 표시한 획은 몇 번째 쓰는 획인지 〈보기〉에서 찾아 그 번호를 쓰세요.

〈보기〉
① 첫 번째　② 두 번째
③ 세 번째　④ 네 번째
⑤ 다섯 번째　⑥ 여섯 번째
⑦ 일곱 번째　⑧ 여덟 번째
⑨ 아홉 번째　⑩ 열 번째
⑪ 열한 번째　⑫ 열두 번째
⑬ 열세 번째

[78]

(　　)

[79]

(　　)

[80]

(　　)

♣ 수고하셨습니다.

수험번호 □□□-□□-□□□□   성명 □□□□□

생년월일 □□□□□□□

※ 유성 사인펜, 붉은색 필기구 사용 불가.

※ 답안지는 컴퓨터로 처리되므로 구기거나 더럽히지 마시고, 정답 칸 안에만 쓰십시오. 글씨가 채점란으로 들어오면 오답 처리가 됩니다.

한자능력검정시험 6급Ⅱ 모의평가 답안지(1)

답안란		채점란		답안란		채점란		답안란		채점란	
번호	정답	1검	2검	번호	정답	1검	2검	번호	정답	1검	2검
1				14				27			
2				15				28			
3				16				29			
4				17				30			
5				18				31			
6				19				32			
7				20				33			
8				21				34			
9				22				35			
10				23				36			
11				24				37			
12				25				38			
13				26				39			

감독위원	채점위원(1)		채점위원(2)		채점위원(3)	
(서명)	(득점)	(서명)	(득점)	(서명)	(득점)	(서명)

※뒷면으로 이어짐

자르는 선

※ 본 답안지는 컴퓨터로 처리되므로 구겨지거나 더럽혀지지 않도록 조심하시고 글씨를 칸 안에 또박또박 쓰십시오.

한자능력검정시험 6급Ⅱ 모의평가 답안지(2)

번호	정답	1검	2검	번호	정답	1검	2검	번호	정답	1검	2검
40				54				68			
41				55				69			
42				56				70			
43				57				71			
44				58				72			
45				59				73			
46				60				74			
47				61				75			
48				62				76			
49				63				77			
50				64				78			
51				65				79			
52				66				80			
53				67							

답안란 · 채점란

[한자능력검정시험 6급 II 모의평가 정답]

수험번호 □□□-□□-□□□□   **성명** □□□□□

생년월일 □□□□□□

※ 유성 사인펜, 붉은색 필기구 사용 불가.

※ 답안지는 컴퓨터로 처리되므로 구기거나 더럽히지 마시고, 정답 칸 안에만 쓰십시오. 글씨가 채점란으로 들어오면 오답 처리가 됩니다.

한자능력검정시험 6급 II 모의평가 답안지(1)

번호	정답	1검	2검	번호	정답	1검	2검	번호	정답	1검	2검
1	차도			14	유리			27	동일		
2	세계			15	좌우			28	전기		
3	지도			16	농사			29	직선		
4	평화			17	현대			30	과연		
5	반성			18	식사			31	출발		
6	화초			19	작가			32	음악		
7	집중			20	광명			33	목숨 명		
8	산수			21	각자			34	모일 사		
9	분반			22	전선			35	필 발		
10	대표			23	반대			36	쉴 휴		
11	공공			24	성명			37	밝을 명		
12	효자			25	이용			38	뿔 각		
13	심신			26	도형			39	그럴 연		

감독위원	채점위원(1)		채점위원(2)		채점위원(3)	
(서명)	(득점)	(서명)	(득점)	(서명)	(득점)	(서명)

※ 뒷면으로 이어짐

자르는 선

한자능력검정시험 6급 II 모의평가 답안지(2)

번호	정답	1검	2검	번호	정답	1검	2검	번호	정답	1검	2검
	답안란	**채점란**			**답안란**	**채점란**			**답안란**	**채점란**	
40	약할 약			54	이제 금			68	女軍		
41	수풀 림			55	모을 집			69	十年		
42	믿을 신			56	실과 과			70	父女		
43	늙을 로			57	힘 력			71	四寸		
44	재주 재			58	빛 광			72	七月		
45	눈 설			59	나눌 반			73	王室		
46	악 악			60	지아비 부			74	父母		
47	가르칠 교			61	사라질 소			75	兄弟		
48	어제 작			62	③			76	生日		
49	맑을 청			63	②			77	學校		
50	노래 가			64	① 部			78	⑤		
51	살 활			65	④ 安			79	⑫		
52	셀 계			66	① 自白			80	⑧		
53	뜻 의			67	⑥ 等外						

문제 읽을 준비는
저절로 되지 않습니다.

문해력을 키우는 시간

하루 10분

똑똑한 하루 국어 시리즈

문제풀이의 핵심, 문해력을 키우는 승부수

예비초~초6 각A·B
교재별14권

예비초A·B, 초1~초6: 1A~4C
총 14권

정답은
이안에
있어 !